힘을 다하여
주님을 기념하라

KB189958

이 소중한 책을

특별히 _____님께

드립니다.

김장환 목사와 함께
주제별 설교 · 성경공부 · 예화 자료

· · ·

힘을 다하여
주님을 기념하라

나침반

목차

서문

유월절에서 시작하여 초막절로 끝나는 이스라엘의 절기는 한 편의 드라마와 같습니다. 각 절기마다 이스라엘 백성들은 긴장된 마음으로 최고의 준비를 하여 최선으로 하나님을 기념하였습니다. 그러한 절기를 통해 하나님과 이스라엘 백성들과의 관계는 더 굳건해지고 더 가까워졌습니다.

그뿐만 아니라 이 절기는 예수 그리스도의 대속(代贖)의 죽음에서부터 부활과 재림, 그리고 천국을 계시하는 하나의 예표(豫標)이기도 합니다. 그러므로 절기는 과거의 교훈을 묵상하고 기념하기 위한 목적뿐만 아니라 미래의 하나님을 기대하고 소망하는 목적도 갖고 있었습니다.

오늘날 우리는, 과거 유대인들이 지켰던 것과 같은 절기를 동일하게 지키지는 않습니다. 그러나 하나님은 우리에게도 절기를 허락해 주셨습니다. 성탄절과 부활절, 그리고 추수감사절을 비롯하여 고난 주간과 성령 강림절 등 여러 가지 절기를 통해 우리는 하나님을 기념하고 있습니다. 그러나 절기의 주체이신 하나님을 기념하는 것이 아닌 성도끼리의 교제에 불과한 절기가 많이 있어서 가슴이 아픕니다. 우리도 과거 믿음의 선배들처럼 최고의 준비를 하여 최선으로 하나님을 기념해야 할 것입니다.

그렇다면 우리를 통하여 지금도 하나님의 일을 이루기 원하시는 주님을 향한 우리의 기념은 어떠한지 곰곰이 생각해 봅시다.

　　이 책은 그동안 출판된 책과는 성격이 다르게 다음과 같이 크게 세 부분으로 구성되어 있습니다.

　　첫째, 절기에 대한 설교의 중심 내용을 요약정리하여 사용하기에 편리하도록 편집하였고,
　　둘째, 한국 교회 성장에 크게 기여했던 구역 모임이나 그룹 성경공부에서 적절하게 사용할 수 있도록 절기에 대한 성경공부 교재를 만들어 넣었으며,
　　셋째, 설교나 여러 모임에서 적절하게 활용하면 좋을 절기에 대한 예화를 수록하였습니다.

　　세상에서 주님을 간절히 증거할 진정한 그리스도인이 그 어느 때보다 필요한 오늘날입니다. 이 한 권의 책으로 변화된 성도들이 복음의 전달자로 바로 서며 한 번 더 뜨거운 부흥이 온 땅을 뒤덮게 되기를 소망합니다.

절기에 대한 명언들

▣ 부활절에 대한 명언

● 만일 예수의 제자들이 부활이 거짓임을 알았다고 가정
해 보자. 그중 한 사람이라도 본심으로 돌아갔을 것이
고, 만일 그랬다면 예수의 부활은 송두리째 붕괴되었을
것이다. 그러나 저들은 순교를 하면서도 부활을 입증하
였다. – 파스칼

● 신약 시대의 그리스도인에게 부활이 없었다면 기독교의
복음은 결론이 없는 복음일 뿐 아니라 전혀 복음이 될
수 없다. – 람세이

● 인간들의 최후 목표는 죽음이 아니라 부활이다.
– 칼 바르트

● 인간의 영혼이나 육체는 결코 완전히 멸절되지 않는다.
악한 자는 다시 일어나 처벌을 받을 것이며 선한 자는
부활하여 영원한 생명을 누리게 될 것이다. – 어거스틴

▣ 감사절에 대한 명언

● 지구상의 온갖 비극은 가진 것에 대해 감사할 줄 모르는 데서 온다. – 카네기

● 감사는 훌륭한 교양의 열매이다. 천한 사람 사이에서는 그것을 찾을 수가 없다. – 존슨 보즈웰

● 가장 쓸모없는 사람은 감사할 줄 모르는 사람이다. – 괴테

● 감사는 항상 하늘에 먼저 하고 그다음에 땅에 하라.
  – 토마스

● 촛불을 보고 감사하면 전등불을 주시고, 전등불을 보고 감사하면 달빛을 주시고, 달빛을 보고 감사하면 햇빛을 주시고, 햇빛을 보고 감사하면 천국을 주신다. – 스펄전

● 아무리 이해가 깊고 열심이 있어 많은 활동을 한다 할지라도 하나님을 향한 깊은 감사의 마음이 없다면 생명 있는 신앙생활이란 불가능하다. – 우찌무라 간조

● 감사는 최고의 덕이며 모든 덕의 어머니이다. – 키케로

● 감사는 당신의 축복에 자물쇠를 채우는 비결이다.
  – 조용기

● 주님은 저에게 많은 은혜를 주셨습니다. 그런데 한 가지 은혜만 더 주시옵소서. 감사하는 마음을 주시옵소서.
  – 작자 미상

● 하나님이 거하시는 곳은 두 곳이다. 하나는 천국이요, 다른 하나는 겸손하고 감사하는 심령이다. – 아이작 월튼

● 교만은 감사하는 마음을 죽인다. 그러나 겸손한 마음은 감사가 자연히 자라게 하는 토양이다. 자긍하는 자는 좀처럼 감사한 줄 모른다. 그는 결코 자기가 받을 만큼 받고 있지 못하다고 생각하고 있기 때문이다. – 헨리 워드 비처

● 감사는 예의의 가장 아름다운 형태이다. – 자크 마리탱

● 정의는 종종 창백하고 우울하다. 그러나 그의 딸인 감사는 항상 활기의 홍수와 사랑스러움의 꽃 속에 있다.
  – 월터 새비지 랜더

● 즉석의 감사가 가장 유쾌하다. 지체하면 모든 감사가 헛되고 그 명목의 가치가 없다. – 작자 미상

● 감사할 줄 모르는 자들을 벌하는 법을 따로 세우지 않은 까닭은 감사할 줄 모르는 자들은 하나님께서 벌하시기 때문이다. – 라이피곱스

● 불 테면 불어라 겨울바람아. 눈보라와 섞어치니 사정도 없다마는 인생의 감사치 않은 마음 보다 모질지는 않구나. – 셰익스피어

▣ 성탄절에 대한 명언

● 크리스마스를 생각해 보자. 사단은 악의에 찬 마음으로 부정과 사기에 인기를 얻기 위한 전술까지 혼합하여 이 날을 만들었다. 그날에 수백만의 사람들이 아무 쓸모 없는 선물을 사기 위해 수백만 불을 주고받는다. 수천 명의 상점 판매원들은 물건 팔기에 지쳐 죽을 것 같고, 서부의 모든 아이들은 과식으로 고생한다. 이런 일들이 겸손한 그리스도의 이름으로 행해진다. – 싱클레어

● 크리스마스는 우주의 축제일이다. 하늘과 땅과 그 가운데 있는 모든 것이 해방, 자유, 완성을 축하하는 날이다. – 우찌무라 간조

1

서론

오늘날 대부분의 그리스도인은 성탄절과 부활절, 그리고 추수감사절을 큰 절기로 지키며 생활한다. 그러나 절기의 기원과 의미에 대하여 자세히 아는 사람은 그리 많지 않다.

과연 절기는 언제부터 유래했을까?

구약의 이스라엘 백성들이 기념하고 지켰던 절기는 무엇일까?

그리고 그와 같은 절기를 지키는 목적은 어디에 있었을까?

1. 절기의 의미

절기란, 하나님과의 관계 속에서 어떤 특별한 의미가 있기 때문에 지속적으로 기념하는 날을 의미한다.

2. 절기의 유래

절기는 이스라엘 백성이 출애굽 한 후 하나님께서 주신 명령에 의해 유래되었다(레 23장).

3. 절기의 세 가지 사실

(1) 절기의 전제: 하나님과 그 백성의 관계

절기에서 전제가 되는 사실은 하나님과 그 백성의 관계이다. 다시 말해서 하나님의 백성으로서 그분과 바른 관계를 맺지 않은 채 지키는 절기는 아무 의미가 없다. 오늘날에도 하나님의 자녀로 거듭나는 경험 없이 그저 절기만을 지키는 사람이 있는데 그는 절기를 지키기 이전에 먼저 하나님과의 바른 관계를 맺어야 한다.

(2) 절기의 주체: 하나님

절기의 주체는 바로 하나님이시다. 간혹 절기의 성격만을 강조한 채 절기의 주체이신 하나님을 망각하거나 절기를 지키는 백성들을 그 주체로 생각하는 경우가 있는데 어디까지나 절기의 주체는 하나님이시다. 그러므로 어떤 절기든지 그 절기를 통해 하나님이 주인으로 드러나야 한다.

(3) 절기를 맞는 백성들의 의무: 소집과 동참

절기를 맞이하는 백성들의 의무는 소집과 동참이다. 절기가 되면 하나님의 백성들은 당연히 그 절기의 이름으로 모여 그 절기에 동참해야 한다. 이를 통해 우리는 신앙이 개인 생활일 뿐만 아니라 공동체 생활임을 확인하게 된다.

4. 구약 시대의 절기

구약 시대 이스라엘 백성들이 지켰던 대표적인 절기는 일곱 가지로, 우리는 이를 유대인의 7대 명절이라고 말한다.

(1) 유월절
(2) 무교절
(3) 초실절
(4) 오순절
(5) 나팔절
(6) 속죄일
(7) 장막절

이들 절기의 시기와 의미에 대해서는 이 책의 3부『절기의 의미』에서 자세히 공부하게 된다.

5. 절기의 목적

하나님께서 이스라엘 백성들에게 절기를 명령하신 목적은 무엇일까? 거기에는 크게 세 가지 목적이 있다.

(1) 절기의 의미 묵상

모든 절기에는 그 절기에 해당하는 영적 의미가 있다. 하나님은 이스라엘 백성들이 해마다 절기를 지킴으로써 그 영적 교훈을 지속적으로 기억하기 원하셨던 것이다. 그러므로 우리는 절기를 지킬 때 항상 그 절기의 의미와 교훈을 깊이 묵상해야 한다.

(2) 공동체 신앙의 나눔과 확인

절기가 되면 각자의 처소에서 뿔뿔이 흩어져 생활하던 이스라엘 백성들이 한 곳에 모이게 된다. 그러면서 그들은 그들의 공동체 신앙을 나누고 확인하게 된다.

(3) 하나님과의 지속적인 관계 형성

절기를 지키는 가장 큰 목적은 그 절기를 지킴으로써 하나님과의 관계가 끊임없이 유지되도록 하는 데 있다. 다시 말해서 1년에 몇 차례 반복되는 여러 가지 절기를 통해 이스라엘 백성들은 변함없이 하나님을 기억하고 하나님과의 관계 속에서 생활할 수 있었다.

6. 절기에 임하는 자세

(1) 하나님의 명령

절기에 대한 하나님의 명령은 "모이라"는 것이다.

"이르시되 나의 성도를 내 앞에 모으라 곧 제사로 나와 언약한 자니라 하시도다" – 시편 50편 5절

(2) 하나님의 약속

절기에 대한 하나님의 약속은 우리를 지켜 주시겠다는 것이다.

"내가 열방을 네 앞에서 쫓아내고 네 지경을 넓히리니 네가 매년 세번씩 여호와 너의 하나님께 보이러 올 때에 아무 사람도 네 땅을 탐내어 엿보지 못하리라" – 출애굽기 34장 24절

(3) 주의할 일

절기에서 우리가 주의할 일은 의미 없는 형식을 삼가는 것이다.

"내 마음이 너희의 월삭과 정한 절기를 싫어하나니 그것이 내게 무거운 짐이라 내가 지기에 곤비하였느니라"

– 이사야 1장 14절

구약 시대 이스라엘 백성들이 절기를 지킴으로써 하나님과 더욱 가까운 삶을 살았던 것처럼 오늘날 우리도 교회에서 지키는 여러 절기를 성실하게 지킴으로써 하나님과 더욱 가까운 삶을 살아야 한다.

2

절기에 대한 설교

1. 새해의 각오

"그러므로 이제는 여호와를 경외하며 성실과 진정으로 그를 섬길 것이라 너희의 열조가 강 저편과 애굽에서 섬기던 신들을 제하여 버리고 여호와만 섬기라 만일 여호와를 섬기는 것이 너희에게 좋지 않게 보이거든 너희 열조가 강 저편에서 섬기던 신이든지 혹 너희의 거하는 땅 아모리 사람의 신이든지 너희 섬길 자를 오늘날 택하라 오직 나와 내 집은 여호와를 섬기겠노라 백성이 대답하여 가로되 여호와를 버리고 다른 신들 섬기는 일을 우리가 결단코 하지 아니하오리니 이는 우리 하나님 여호와 그가 우리와 우리 열조를 인도하여 애굽땅 종 되었던 집에서 나오게 하시고 우리 목전에서 그 큰 이적들을 행하시고 우리가 행한 모든 길에서, 우리의 지난 모든 백성 중에서 우리를 보호하셨음이며 여호와께서 또 모든 백성 곧 이 땅에 거하던 아모리 사람을 우리 앞에서 쫓아내셨음이라 그러므로 우리도 여호와를 섬기리니 그는 우리 하나님이심이니이다" - 여호수아 24장 14-18절

서론

새해를 맞이할 때마다 사람들은 여러 가지 결심과 각오를 하는데 과연 올해 우리는 무엇을 각오해야 할 것인가?

유명한 과학자가 오늘 새해 첫날 태어나는 사람은 100년을 살 수 있다고 예언했는데 엄밀히 따져 보면 그것은 결코 축복이 아니다. 왜냐면 그 100년 동안에는 자연 자원이 고갈되고 역사상 최대의 흉년을 맞이할 것이며 대지진을 경험하게 되고 좋은 일보다는 나쁜 일이 더 많을 것이기 때문이다.

"일월 성신에는 징조가 있겠고 땅에서는 민족들이 바다와 파도의 우는 소리를 인하여 혼란한 중에 곤고하리라 사람들이 세상에 임할 일을 생각하고 무서워하므로 기절하리니 이는 하늘의 권능들이 흔들리겠음이라" - 누가복음 21장 25,26절

"네가 이것을 알라 말세에 고통하는 때가 이르리니 사람들은 자기를 사랑하며 돈을 사랑하며 자긍하며 교만하며 훼방하며 부모를 거역하며 감사치 아니하며 거룩하지 아니하며 무정하며 원통함을 풀지 아니하며 참소하며 절제하지 못하며 사나우며 선한 것을 좋아 아니하며 배반하여 팔며 조급하며 자고하며 쾌락을 사랑하기를 하나님 사랑하는 것보다 더하며 경건의 모양은 있으나 경건의 능력은 부인하는 자니 이같은 자들에게서 네가 돌아서라" - 디모데후서 3장 1-5절

하나님보다 돈과 쾌락을 사랑하는 오늘의 세대에서 과연 우리는 어떤 각오를 해야 하는가?

첫째, 하나님의 나라와 의(義)를 구할 것을 각오해야 한다.

"너희는 먼저 그의 나라와 그의 의를 구하라 그리하면 이 모든 것을 너희에게 더하시리라" – 마태복음 6장 33절

"내가 어려서부터 늙기까지 의인이 버림을 당하거나 그 자손이 걸식함을 보지 못하였도다" – 시편 37편 25절

"금세에 있어 집과 형제와 자매와 모친과 자식과 전토를 백배나 받되 핍박을 겸하여 받고 내세에 영생을 받지 못할 자가 없느니라" – 마가복음 10장 30절

무엇보다 우리는 하나님의 나라와 의를 구할 것을 각오해야 한다. 그렇다면 하나님의 나라란 과연 무엇인가?

하나님의 나라는 결코 먹고 마시는 것이 아니다.

"하나님의 나라는 먹는 것과 마시는 것이 아니요 오직 성령 안에서 의와 평강과 희락이라" – 로마서 14장 17절

(1) 하나님의 나라는 의를 구하는 것이다.

주께서는 의에 주리고 목마른 자가 복이 있다고 말씀하셨다.

"의에 주리고 목마른 자는 복이 있나니 저희가 배부를 것임이요" – 마태복음 5장 6절

공자는 의를 다음과 같이 정의하였다.

"밝은 것을 보고, 맑은 것을 들으며, 부드러운 안색을 하고, 진실한 것을 말하며, 꾸준하게 일하고, 공손한 태도를 보이며, 의심날 때 묻고, 분노가 치밀 때 뒷처리를 잘하며, 이익이 있을 때 옳으냐 그르냐를 생각하는 것이다."

또한 한 철학자는 의를 다음과 같이 강조하였다.

"웅장(곰의 발바닥)과 잉어를 둘 다 먹으면 좋지만, 둘 중에 하나만 먹어야 한다면 잉어를 버리고 웅장을 먹겠다. 생과 의가 다 좋지만 둘 중에 하나만 택해야 한다면 생을 버리고 의를 택하겠다."

(2) 하나님의 나라는 평화로운 곳이다.

"평안을 너희에게 끼치노니 곧 나의 평안을 너희에게 주노라 내가 너희에게 주는 것은 세상이 주는 것 같지 아니하니라 너희는 마음에 근심도 말고 두려워하지도 말라" - 요한복음 14장 27절

"아무 것도 염려하지 말고 오직 모든 일에 기도와 간구로, 너희 구할 것을 감사함으로 하나님께 아뢰라 그리하면 모든 지각에 뛰어난 하나님의 평강이 그리스도 예수 안에서 너희 마음과 생각을 지키시리라" - 빌립보서 4장 6,7절

『어떤 사람이 원자 폭탄의 제조 감독자였던 오펜하이머에게 원자 폭탄을 방어할 무기가 있느냐고 물었을 때, 그는 웃으면서 "예, 있습니다. 그것은 바로 평화라는 무기입니다"라고 말하였다.』

하나님의 나라는 바로 평화로운 곳이다.

"그리스도의 평강이 너희 마음을 주장하게 하라 평강을 위하여 너희가 한 몸으로 부르심을 받았나니 또한 너희는 감사하는 자가 되라 그리스도의 말씀이 너희 속에 풍성히 거하여 모든 지혜로 피차 가르치며 권면하고 시와 찬미와 신령한 노래를 부르며 마음에 감사함으로 하나님을 찬양하고" – 골로새서 3장 15,16절

(3) 하나님의 나라는 기쁨이다.

"오직 성령의 열매는 사랑과 희락과 화평과 오래 참음과 자비와 양선과 충성과 온유와 절제니 이같은 것을 금지할 법이 없느니라" – 갈라디아서 5장 22,23절

"주 안에서 항상 기뻐하라 내가 다시 말하노니 기뻐하라 너희 관용을 모든 사람에게 알게 하라 주께서 가까우시니라 아무 것도 염려하지 말고 오직 모든 일에 기도와 간구로, 너희 구할 것을 감사함으로 하나님께 아뢰라" – 빌립보서 4장 4–6절

참된 기쁨을 주는 곳이 바로 하나님의 나라이다. 올해는 작년에 비해 기쁜 일이 더 많기를 기도한다. 기쁜 일이 있으려면 모든 일에 참아야 하고 가족이 건강해야 하며 가진 것에 만족해야 한다.

둘째, 하나님을 섬길 것을 각오해야 한다.

본문에서 여호수아는 오직 하나님을 섬기겠다고 각오하였다.

"…오직 나와 내 집은 여호와를 섬기겠노라" - 여호수아 24장 15절

하나님을 열심히 섬겼던 도르가는 죽었다가 다시 살아나는 복을 받았다.

"욥바에 다비다라 하는 여제자가 있으니 그 이름을 번역하면 도르가라 선행과 구제하는 일이 심히 많더니 그때에 병들어 죽으매 시체를 씻어 다락에 뉘우니라 룻다가 욥바에 가까운지라 제자들이 베드로가 거기 있음을 듣고 두 사람을 보내어 지체말고 오라고 간청하니 베드로가 일어나 저희와 함께 가서 이르매 저희가 데리고 다락에 올라가니 모든 과부가 베드로의 곁에 서서 울며 도르가가 저희와 함께 있을 때에 지은 속옷과 겉옷을 다 내어 보이거늘 베드로가 사람을 다 내어보내고 무릎을 꿇고 기도하고 돌이켜 시체를 향하여 가로되 다비다야 일어나라 하니 그가 눈을 떠 베드로를 보고 일어나 앉는지라 베드로가 손을 내밀어 일으키고 성도들과 과부들을 불러 들여 그의 산 것을 보이니 온 욥바 사람이 알고 많이 주를 믿더라 베드로가 욥바에 여러 날 있어 시몬이

라 하는 피장의 집에서 유하니라"– 사도행전 9장 36-43절

자기가 가진 향유로 정성을 다해 주님을 섬겼던 여인은 사복음서에 모두 기록되어 있으며 주께서는 그 여인의 봉사를 복음과 함께 전하라고 명하셨다.

"내가 진실로 너희에게 이르노니 온 천하에 어디서든지 이 복음이 전파되는 곳에는 이 여자의 행한 일도 말하여 저를 기념하리라 하시니라"– 마태복음 26장 13절

이와 같이 우리도 올해에는 주님을 열심히 섬기는 삶을 살아야 한다.

"너희 중에는 그렇지 아니하니 너희 중에 누구든지 크고자 하는 자는 너희를 섬기는 자가 되고 너희 중에 누구든지 으뜸이 되고자 하는 자는 너희 종이 되어야 하리라 인자가 온것은 섬김을 받으려 함이 아니라 도리어 섬기려 하고 자기 목숨을 많은 사람의 대속물로 주려 함이니라"– 마태복음 20장 26-28절

셋째, 깨끗한 삶을 살 것을 각오해야 한다.

새해에는 무엇보다 죄를 짓지 않고 깨끗한 삶을 살겠다고 각오해야 한다.

"다시 내가 너희에게 새 계명을 쓰노니 저에게와 너희에게도 참된 것이라 이는 어두움이 지나가고 참빛이 벌써 비췸이니라 빛 가운데 있다 하며 그 형제를 미워하는 자는 지금까지 어두운 가운데 있는 자요" – 요한1서 2장 8,9절

"이 세상이나 세상에 있는 것들을 사랑치 말라 누구든지 세상을 사랑하면 아버지의 사랑이 그 속에 있지 아니하니 이는 세상에 있는 모든 것이 육신의 정욕과 안목의 정욕과 이생의 자랑이니 다 아버지께로 좇아 온 것이 아니요 세상으로 좇아 온 것이라 이 세상도, 그 정욕도 지나가되 오직 하나님의 뜻을 행하는 이는 영원히 거하느니라" – 요한1서 2장 15,16절

(1) 죄를 방지하기 위해서는 어떻게 해야 하는가?

① 십자가에 달리신 예수를 생각해야 한다.
"친히 나무에 달려 그 몸으로 우리 죄를 담당하셨으니 이는 우리로 죄에 대하여 죽고 의에 대하여 살게 하려 하심이라 저가 채찍에 맞음으로 너희는 나음을 얻었나니" – 베드로전서 2장 24절

② 형제를 사랑해야 한다.
"무엇보다도 열심으로 서로 사랑할찌니 사랑은 허다한 죄를 덮느니라" – 베드로전서 4장 8절

③ 죄의 결과를 기억해야 한다.

"참 속담에 이르기를 개가 그 토하였던 것에 돌아가고 돼지가 씻었다가 더러운 구덩이에 도로 누웠다 하는 말이 저희에게 응하였도다" – 베드로후서 2장 22절

"죄의 삯은 사망이요 하나님의 은사는 그리스도 예수 우리 주 안에 있는 영생이니라" – 로마서 6장 23절

(2) 죄의 원천을 처리하려면 어떻게 해야 하는가?

① 마귀를 물리쳐야 한다.

"죄를 짓는 자는 마귀에게 속하나니 마귀는 처음부터 범죄함이니라 하나님의 아들이 나타나신 것은 마귀의 일을 멸하려 하심이니라" – 요한1서 3장 8절

② 불순종을 극복해야 한다.

"이러므로 한 사람으로 말미암아 죄가 세상에 들어오고 죄로 말미암아 사망이 왔나니 이와 같이 모든 사람이 죄를 지었으므로 사망이 모든 사람에게 이르렀느니라" – 로마서 5장 12절

"한 사람의 순종치 아니함으로 많은 사람이 죄인 된것 같이 한 사람의 순종하심으로 많은 사람이 의인이 되리라" – 로마서 5장 19절

③ 마음을 다스려야 한다.

"독사의 자식들아 너희는 악하니 어떻게 선한 말을 할 수 있느냐 이는 마음에 가득한 것을 입으로 말함이라 선한 사람은 그 쌓은 선에서 선한 것을 내고 악한 사람은 그 쌓은 악에서 악한 것을 내느니라"– 마태복음 12장 34,35절

④ 욕심을 버려야 한다.
"욕심이 잉태한즉 죄를 낳고 죄가 장성한즉 사망을 낳느니라"– 야고보서 1장 15절

결론

새해가 되면 사람들은 여러 가지 결심과 각오를 한다. 승진을 위하여 어떤 각오를 하는 사람이 있는가 하면, 건강을 위한 각오를 하는 사람도 있다. 또한 가정을 위하여 새로운 각오를 하기도 하고, 자기 자신을 위하여 여러 가지 각오를 하기도 한다. 그러면 우리는 하나님을 위하여 어떤 각오를 해야 할 것인가?

첫째, 하나님의 나라와 의를 구할 것을 각오해야 한다.

둘째, 하나님을 섬길 것을 각오해야 한다.

셋째, 죄를 버리고 깨끗한 삶을 살 것을 각오해야 한다.

그렇게 할 때 하나님께서 한 해 동안 우리의 삶을 지켜 주실 것이다.

2. 고난 주간의 일곱 말씀

"해골이라 하는 곳에 이르러 거기서 예수를 십자가에 못 박고 두 행악자도 그렇게 하니 하나는 우편에, 하나는 좌편에 있더라 이에 예수께서 가라사대 아버지여 저희를 사하여 주옵소서 자기의 하는 것을 알지 못함이니이다 하시더라 저희가 그의 옷을 나눠 제비 뽑을쌔" – 누가복음 23장 33,34절

서론

우리는 예수 그리스도께서 십자가에 달리신 갈보리의 양면성을 볼 수 있다. 갈보리는 예수께는 저주의 장소이지만 우리에게는 축복의 장소이다. 또한 갈보리는 인간의 죄를 볼 수 있는 장소이지만 하나님의 사랑을 느낄 수 있는 장소이기도 하다. 그리고 갈보리는 하나님의 어린 양이 죽은 장소임과 동시에 우리가 살 수 있는 장소이다. 갈보리는 모든 인간이 구원을 받을 수 있는 소명의 장소이다. 그 갈보리에서 주님은 다음 일곱 마디 말씀을 하셨다.

그 말씀에 대하여 구체적으로 살펴보자.

첫째, 용서의 말씀

마구간에서 탄생하여 33년 동안의 생을 사는 동안 나사렛 동네에서 보잘것없이 성장하여 30세에 침례(세례)를 받고 3년 반을 가르치며 선을 행하고 인류의 삶의 가치를 정립하신 예수님, 그 예수님을 사람들은 미워하였다. 예수님을 십자가에 못 박으란 말이 온 세상에 진동했을 때 주께서는 "아버지여 저희를 사하여 주옵소서"라고 기도하셨다.

(1) 용서의 기도

주께서는 십자가의 고통을 당하면서도 용서의 기도를 하셨다.
"아버지여 저희를 사하여 주옵소서."
로마 군인이 자신의 몸에 못을 박았을 때에도 용서를 구하셨고 몸에서 피가 흘러나오는 것을 보면서도 용서를 구하셨다. 또한 군중이 조롱할 때도 용서를 구했으며 최후의 순간까지도 그들의 용서를 구하셨다.

(2) 용서의 대상

주님은 결코 자기 자신을 위해 기도하시지 않았다. 주님은 오직 그 당시의 백성들과 종교 지도자 그리고 무지했던 군인들을 위해 기도하셨다. 주께서는 스승을 배반한 가룟 유다를 위해 기도하셨고 그리스도를 외면한 빌라도를 위해 기도하셨으며 자기를 못 박은 군인과 자기를 향해 돌을 던진 백성들을 위해 기도하셨다.

인간에게 용서란 얼마나 중요한 것인가? 발이 없으면 신발이 필요 없고 눈이 없으면 안경이 필요 없듯이 죄를 용서받지 못한 자가 가진 권력이나 재산은 아무 소용이 없다.

둘째, 구원의 말씀

> "가로되 예수여 당신의 나라에 임하실 때에 나를 생각하소서 하니 예수께서 이르시되 내가 진실로 네게 이르노니 오늘 네가 나와 함께 낙원에 있으리라 하시니라"
>
> – 누가복음 23장 42,43절

갈보리! 그곳은 거룩한 보혈이 흘려진 장소이며 가장 위대한 장소이기도 하다. 그곳은 하나님의 아들이신 예수님이 죽으심으로 인간이 살 수 있게 한 장소이며 천사가 눈물을 흘린 장소이다. 그곳은 모든 문제가 해결되는 장소이며 소망과 생명과 기쁨을 줄 수 있는 장소이다. 갈보리 산상에서 두 번째로 주님은 구원의 말씀을 하셨다.

(1) 구원은 주님의 은혜로 말미암은 것이다.

"너희가 그 은혜를 인하여 믿음으로 말미암아 구원을

얻었나니 이것이 너희에게서 난 것이 아니요 하나님의 선물이라 행위에서 난 것이 아니니 이는 누구든지 자랑치 못하게 함이니라" – 에베소서 2장 8,9절

은혜로 말미암아 구원이 계획되었고, 은혜로 말미암아 구원이 보급되었다. 그리고 구원을 받고 싶은 마음도 은혜에 의해 생긴다. 어떤 사람은 착한 행실을 통해 구원받기 원하지만 행위로는 결코 구원을 받을 수 없다.

"우리를 구원하시되 우리의 행한바 의로운 행위로 말미암지 아니하고 오직 그의 긍휼하심을 좇아 중생의 씻음과 성령의 새롭게 하심으로 하셨나니 성령을 우리 구주 예수 그리스도로 말미암아 우리에게 풍성히 부어 주사"
– 디도서 3장 5,6절

(2) 죄인의 호소

그때 죄인은 주님께 "나를 생각하소서"라고 부탁하였다. 이는 본인의 죄인 됨과 무능함을 깨달은 결과이다.

"모든 사람이 죄를 범하였으매 하나님의 영광에 이르지 못하더니" – 로마서 3장 23절

집을 나간 탕자도 자신의 무능함과 죄인 됨을 깨닫고 아버지께 돌아왔으며, 혈루증을 앓던 여인도 자신의 무능함을 깨닫고 주님께 호소하였다. 이와 같이 주님께 호소하는 사람이 구원을 받을 수 있다.

"오늘 네가 나와 함께 낙원에 있으리라."

셋째, 사랑의 말씀

"예수께서 그 모친과 사랑하시는 제자가 곁에 섰는 것을 보시고 그 모친께 말씀하시되 여자여 보소서 아들이니이다 하시고 또 그 제자에게 이르시되 보라 네 어머니라 하신대 그 때부터 그 제자가 자기 집에 모시니라"

– 요한복음 19장 26,27절

갈보리는 샘물과 같은 보혈이 있는 곳이며 죄인이 와서 그 보혈로 죄 사함 받는 곳이다. 또한 갈보리는 죄인이 영생을 얻는 곳이며 예언이 완성된 곳이다. 예수님은 그 갈보리에서 사랑의 말씀을 하셨다.

(1) 십자가 앞의 어머니

구속 사역의 완성을 위해 예수의 어머니 마리아는 여러 가지 고난과 역경을 당했다. 처녀의 몸으로 임신하여 마구간에서 아이를 낳았으며, 아기를 위해 피난 생활을 하였고, 이제 그 아들이 십자가에 달려 죽는 것을 지켜보게 되었다. 십자가상에서 예수께서는 그 어머니의 심정을 생각하며 제자들에게 어머니를 부탁하였다.

"자녀들아 너희 부모를 주 안에서 순종하라 이것이 옳으니라 네 아버지와 어머니를 공경하라 이것이 약속 있는 첫계명이니" – 에베소서 6장 1,2절

(2) 십자가 앞의 제자

그런데 십자가 앞의 제자들은 주님을 버리고 모두 도망하였다.

"그러나 이렇게 된 것은 다 선지자들의 글을 이루려 함이니라 하시더라 이에 제자들이 다 예수를 버리고 도망하니라" – 마태복음 26장 56절

그리스도인이란 그리스도의 사람, 즉 작은 그리스도를 뜻한다. 그러므로 그리스도인은 그리스도를 사랑하고 따르는 삶을 살아야 한다.

넷째, 고난의 말씀

"제 육시로부터 온 땅에 어두움이 임하여 제 구시까지 계속하더니 제 구시 즈음에 예수께서 크게 소리질러 가라사대 엘리 엘리 라마 사박다니 하시니 이는 곧 나의 하나님, 나의 하나님, 어찌하여 나를 버리셨나이까 하는 뜻이라" – 마태복음 27장 45,46절

갈보리! 그곳은 구세주가 죽고 구원이 탄생한 곳이다. 그곳은 주님이 기도하고 군중이 저주를 외친 곳이다. 그곳은 세상이 어두워지고 하늘의 빛이 빛난 곳이다. 그리고 그곳은 우리의 짐이 벗어진 곳, 우리의 영원한 소망이 있는 곳이다.

(1) 버림받은 예수

하나님은 그 누구도 버리지 않으신다. 죄를 지은 다윗도 버리지 않으셨고, 사자굴의 다니엘도 버리지 않으셨다. 그 하나님께서 왜 예수를 버리셨는가? 그것은 바로 우리의 죄 때문이다.

> "우리는 다 양 같아서 그릇 행하여 각기 제 길로 갔거늘 여호와께서는 우리 무리의 죄악을 그에게 담당시키셨도다" – 이사야 53장 6절
>
> "하나님이 죄를 알지도 못하신 자로 우리를 대신하여 죄를 삼으신 것은 우리로 하여금 저의 안에서 하나님의 의가 되게 하려 하심이니라" – 고린도후서 5장 21절

하나님께서 예수를 버리심으로 말미암아 우리가 죄와 사망에서 해방되었다.

> "그러므로 이제 그리스도 예수 안에 있는 자에게는 결코 정죄함이 없나니 이는 그리스도 예수 안에 있는 생명의 성령의 법이 죄와 사망의 법에서 너를 해방하였음이라" – 로마서 8장 1,2절

(2) 주님의 본

고난을 감당하신 주님을 통하여 우리는 몇가지 교훈을 배울 수 있다.

● 고통 중에 믿음을 지킨 믿음의 본을 배울 수 있다.
● 우리를 사랑하신 주님의 사랑을 배울 수 있다.

"사람이 친구를 위하여 자기 목숨을 버리면 이에서 더 큰 사랑이 없나니"– 요한복음 15장 13절

"유월절 전에 예수께서 자기가 세상을 떠나 아버지께로 돌아가실 때가 이른줄 아시고 세상에 있는 자기 사람들을 사랑하시되 끝까지 사랑하시니라"– 요한복음 13장 1절

그 주님은 아직도 우리를 부르고 계신다.

"수고하고 무거운 짐진 자들아 다 내게로 오라 내가 너희를 쉬게 하리라 나는 마음이 온유하고 겸손하니 나의 멍에를 메고 내게 배우라 그러면 너희 마음이 쉼을 얻으리니"– 마태복음 11장 28,29절

다섯째, 갈증의 말씀

"이 후에 예수께서 모든 일이 이미 이룬줄 아시고 성경으로 응하게 하려하사 가라사대 내가 목마르다 하시니"

– 요한복음 19장 28절

(1) 사랑에 대한 갈증

십자가 위에서 주님은 무엇보다 사랑의 갈증을 느끼셨다. 스승을 버리고 도망한 제자들과 스승을 부인한 제자로부터 주님은 사랑의 갈증을 느끼신 것이다.

"사람들이 종일 나더러 하는 말이 네 하나님이 어디 있느뇨 하니 내 눈물이 주야로 내 음식이 되었도다"– 시편 42편 3절

(2) 인간의 갈증을 채워 주시는 예수

십자가 위에서 여러 가지 갈증을 느끼신 주님은 바로 우리 인간의 갈증을 채워 줄 수 있는 분이시다. 사마리아 여인에게 물을 주신 주님은 바로 영원한 생수의 근원이시다.

"저희가 다시 주리지도 아니하며 목마르지도 아니하고 해나 아무 뜨거운 기운에 상하지 아니할찌니"– 요한계시록 7장 16절

여섯째, 만족의 말씀

"예수께서 큰 소리로 불러 가라사대 아버지여 내 영혼을 아버지 손에 부탁하나이다 하고 이 말씀을 하신 후 운명하시다"– 누가복음 23장 46절

갈보리! 그곳은 인간과 하나님이 하나가 된 곳, 인간의 안전이 보장되고 하나님의 사랑이 보장된 곳, 구속(救贖)의 은총이 완성된 만족의 장소이다. 그곳에서 주님은 모든 것을 하나님께 맡기셨다. 우리가 하나님께 맡기고 순종할 때 주께서 이루신다.

"너의 길을 여호와께 맡기라 저를 의지하면 저가 이루시고"– 시편 37편 5절

그러므로 우리도 모든 것을 주님께 맡겨야 한다.

"저희를 주신 내 아버지는 만유보다 크시매 아무도 아버지 손에서 빼앗을 수 없느니라"– 요한복음 10장 29절

일곱째, 승리의 말씀

"예수께서 신 포도주를 받으신 후 가라사대 다 이루었다 하시고 머리를 숙이시고 영혼이 돌아가시니라"– 요한복음 19장 30절

(1) 예언의 완성

주님의 십자가를 통해 우리는 성경의 예언이 이루어진 것을 알 수 있다.

● 동정녀에게서 태어난다는 예언
● 다윗의 혈통으로 난다는 예언

- 베들레헴에서 난다는 예언
- 피난 생활에 대한 예언
- 병 치유에 대한 예언
- 십자가 예언

(2) 고난의 끝

아무도 감당할 수 없는 십자가의 고난을 주께서 친히 감당하셨다.

> "무릇 지나가는 자여 너희에게는 관계가 없는가 내게 임한 근심 같은 근심이 있는가 볼찌어다 여호와께서 진노하신 날에 나를 괴롭게 하신 것이로다" – 예레미야애가 1장 12절

결론

이 세상에서 가장 위대한 장소는 갈보리이다.

갈보리, 그곳에서 하나님의 사랑이 나타나고 인간의 죄가 해결되었다. 그곳은 인간의 절망이 끝나고 새로운 소망이 싹트는 곳이다. 그 모든 것은 주님이 그곳에서 십자가 고난을 감당하셨기 때문이다. 주님은 그곳에서 용서의 말씀과 구원의 말씀과 사랑의 말씀과 고난의 말씀과 갈증의 말씀과 만족의 말씀, 그리고 승리의 말씀을 하셨다.

3. 살아나셨느니라.

"안식일이 다하여가고 안식 후 첫날이 되려는 미명에 막달라 마리아와 다른 마리아가 무덤을 보려고 왔더니 큰 지진이 나며 주의 천사가 하늘로서 내려와 돌을 굴려 내고 그 위에 앉았는데 그 형상이 번개 같고 그 옷은 눈 같이 희거늘 수직하던 자들이 저를 무서워하여 떨며 죽은 사람과 같이 되었더라 천사가 여자들에게 일러 가로되 너희는 무서워 말라 십자가에 못 박히신 예수를 너희가 찾는 줄을 내가 아노라 그가 여기 계시지 않고 그의 말씀하시던대로 살아나셨느니라 와서 그의 누우셨던 곳을 보라 또 빨리 가서 그의 제자들에게 이르되 그가 죽은 자 가운데서 살아나셨고 너희보다 먼저 갈릴리로 가시나니 거기서 너희가 뵈오리라 하라 보라 내가 너희에게 일렀느니라 하거늘 그 여자들이 무서움과 큰 기쁨으로 무덤을 빨리 떠나 제자들에게 알게 하려고 달음질할쌔 예수께서 저희를 만나 가라사대 평안하뇨 하시거늘 여자들이 나아가 그 발을 붙잡고 경배하니 이에 예수께서 가라사대 무서워 말라 가서 내 형제들에게 갈릴리로 가라 하라 거기서 나를 보리라 하시니라" - 마태복음 28장 1–10절

서론

인간은 내세와 금세, 죽음 이후의 삶, 그리고 천국과 지옥에 대해 많은 궁금증을 가진다.

『감리교의 창시자 요한 웨슬리가 어느 날 천국에 간 꿈을 꾸었다. 그는 어떤 사람이 천국에 와 있을까 궁금하여 천사에게 물었다.

"천주교인들이 와 있습니까?"

천사가 조심스럽게 책을 열어 보더니 "천주교 신자는 없군요"라고 말했다. 웨슬리는 별로 놀라지 않았다.

"그럼 장로교인은요?"

역시 없다고 하였다. 웨슬리는 약간 놀라면서 "그럼 침례교인은요?"라고 물었으나 그 역시 없다고 하였다. 그때 웨슬리는 적어도 자기가 가르친 감리교인은 있을 거라고 생각하며 "감리교인은 몇 명이나 와 있나요?"라고 물었다. 천사는 책을 자세히 보더니 "감리교인 역시 한 사람도 없다"라고 대답했다. 웨슬리는 갈피를 못 잡고 "그러면 누가 천국에 와 있나요?"라고 묻자, 천사가 대답하기를 "천국에는 주님을 사랑하는 사람, 보혈의 공로로 죄 사함을 받은 사람만 와 있습니다"라고 하였다.』

기독교가 점점 인본주의화되어 가고 세속화되어 가는 오늘날, 모든 그리스도인이 회복해야 할 가장 중요한 진리는 바로 부활에 대한 소망이다. 그리스도의 부활에 대한 신뢰가 없다거나 또는 성도의 부활에 대한 소망이 약해질 때, 기독교는 생명력을 잃게 된다. 초대 그리스도인들이 그토록 심한 핍박을 견디며 복음을 전파할 수 있었던 것은 그들에게 부활에 대한 확실한 소망이 있었기 때문이다.

첫째, 부활을 위해 주님이 치르신 대가

부활이 있기 전 주님은 여러 가지 고난을 당하셨다.

(1) 마음의 고통
주님은 여러 가지 심적 고통을 겪으셨다.

① 제자에게 은 30에 팔리는 아픔을 겪으셨다.
　"내가 예수를 너희에게 넘겨주리니 얼마나 주려느냐 하니 그들이 은 삼십을 달아 주거늘 저가 그 때부터 예수를 넘겨줄 기회를 찾더라"– 마태복음 26장 15,16절

② 제자에게 배신당한 아픔을 겪으셨다.
　"만군의 여호와가 말하노라 칼아 깨어서 내 목자, 내 짝된 자를 치라 목자를 치면 양이 흩어지려니와 작은 자들 위에는 내가 내 손을 드리우리라"– 스가랴 13장 7절

③ 동족의 모함을 받으셨다.

"저희가 예수를 가야바에게서 관정으로 끌고 가니 새벽
이라 저희는 더럽힘을 받지 아니하고 유월절 잔치를 먹
고자 하여 관정에 들어가지 아니하더라 그러므로 빌라
도가 밖으로 저희에게 나가서 말하되 너희가 무슨 일로
이 사람을 고소하느냐 대답하여 가로되 이 사람이 행악
자가 아니었더면 우리가 당신에게 넘기지 아니하였겠
나이다 빌라도가 가로되 너희가 저를 데려다가 너희 법
대로 재판하라 유대인들이 가로되 우리에게는 사람을
죽이는 권이 없나이다 하니 이는 예수께서 자기가 어떠
한 죽음으로 죽을 것을 가리켜 하신 말씀을 응하게 하려
함이러라"– 요한복음 18장 28–32절

④ 이방인에게 재판을 받으셨다.

"빌라도가 또 대답하여 가로되 그러면 너희가 유대인의
왕이라 하는 이는 내가 어떻게 하랴"– 마가복음 15장 12절

⑤ 로마 군인에게 희롱을 당하셨다.

"이에 총독의 군병들이 예수를 데리고 관정 안으로 들
어가서 온 군대를 그에게로 모으고 그의 옷을 벗기고 홍
포를 입히며 가시 면류관을 엮어 그 머리에 씌우고 갈
대를 그 오른손에 들리고 그 앞에서 무릎을 꿇고 희롱하
여 가로되 유대인의 왕이여 평안할찌어다 하며 그에게

침 뱉고 갈대를 **빼앗아** 그의 머리를 치더라"- 마태복음 27장 27-30절

⑥ 가장 흉악한 강도와 함께 취급을 당하셨다.
"이때에 예수와 함께 강도 둘이 십자가에 못 박히니 하나는 우편에, 하나는 좌편에 있더라"- 마태복음 27장 38절

⑦ 아버지 하나님께 버림을 받으셨다.
"제 육시가 되매 온 땅에 어두움이 임하여 제 구시까지 계속하더니 제 구시에 예수께서 크게 소리지르시되 엘리 엘리 라마 사박다니 하시니 이를 번역하면 나의 하나님 나의 하나님 어찌하여 나를 버리셨나이까 하는 뜻이라"- 마가복음 15장 33,34절

(2) 육체의 고통
부활하기 전 주님은 마음의 고통뿐만 아니라 심한 육체의 고통을 당하셨다.

① 힘을 다하여 기도하셨다.
"예수께서 힘쓰고 애써 더욱 간절히 기도하시니 땀이 땅에 떨어지는 피방울 같이 되더라"- 누가복음 22장 44절

② 결박당하셨다.

"이에 군대와 천부장과 유대인의 하속들이 예수를 잡아 결박하여"– 요한복음 18장 12절

③ 머리에 가시 면류관을 쓰셨다.

"가시 면류관을 엮어 그 머리에 씌우고 갈대를 그 오른 손에 들리고 그 앞에서 무릎을 꿇고 희롱하여 가로되 유대인의 왕이여 평안할찌어다 하며"– 마태복음 27장 29절

④ 침 뱉음을 당하고 옷을 벗기우셨다.

"그에게 침 뱉고 갈대를 빼앗아 그의 머리를 치더라 희롱을 다한 후 홍포를 벗기고 도로 그의 옷을 입혀 십자가에 못 박으려고 끌고 나가니라"– 마태복음 27장 30,31절

⑤ 창에 찔리셨다.

"그 중 한 군병이 창으로 옆구리를 찌르니 곧 피와 물이 나오더라"– 요한복음 19장 34절

⑥ 쓴 포도주를 마시셨다.

"쓸개탄 포도주를 예수께 주어 마시게 하려 하였더니 예수께서 맛보시고 마시고자 아니 하시더라"– 마태복음 27장 34절

사도 바울은 그리스도의 죽음과 부활에 대해 다음과 같이 증거하였다.

"만일 죽은 자의 부활이 없으면 그리스도도 다시 살지 못하셨으리라 그리스도께서 만일 다시 살지 못하셨으면 우리의 전파하는 것도 헛것이요 또 너희 믿음도 헛것이며 또 우리가 하나님의 거짓 증인으로 발견되리니 우리가 하나님이 그리스도를 다시 살리셨다고 증거하였음이라 만일 죽은 자가 다시 사는 것이 없으면 하나님이 그리스도를 다시 살리시지 아니하셨으리라 만일 죽은 자가 다시 사는 것이 없으면 그리스도도 다시 사신 것이 없었을 터이요 그리스도께서 다시 사신 것이 없으면 너희의 믿음도 헛되고 너희가 여전히 죄 가운데 있을 것이요 또한 그리스도 안에서 잠자는 자도 망하였으리니 만일 그리스도 안에서 우리의 바라는 것이 다만 이생 뿐이면 모든 사람 가운데 우리가 더욱 불쌍한 자리라 그러나 이제 그리스도께서 죽은 자 가운데서 다시 살아 잠자는 자들의 첫 열매가 되셨도다" – 고린도전서 15장 13-20절

"보라 내가 너희에게 비밀을 말하노니 우리가 다 잠잘 것이 아니요 마지막 나팔에 순식간에 홀연히 다 변화하리니 나팔 소리가 나매 죽은 자들이 썩지 아니할 것으로 다시 살고 우리도 변화하리라 이 썩을 것이 불가불 썩지 아니할 것을 입겠고 이 죽을 것이 죽지 아니함을 입으리로다 이 썩을 것이 썩지 아니함을 입고 이 죽을 것이 죽지 아니함을 입을 때에는 사망이 이김의 삼킨바 되리라

고 기록된 말씀이 응하리라 사망아 너의 이기는 것이 어디 있느냐 사망아 너의 쏘는 것이 어디 있느냐 사망의 쏘는 것은 죄요 죄의 권능은 율법이라 우리 주 예수 그리스도로 말미암아 우리에게 이김을 주시는 하나님께 감사하노니 그러므로 내 사랑하는 형제들아 견고하며 흔들리지 말며 항상 주의 일에 더욱 힘쓰는 자들이 되라 이는 너희 수고가 주 안에서 헛되지 않은 줄을 앎이니라"– 고린도전서 15장 51–58절

스코틀랜드의 신학자 앤드류는 "그리스도께서 만일 무덤 가운데서 살아나지 못했다면 교회의 무덤 가운데 갇히고 말았을 것이다"라고 말했고, 테니슨은 "모든 것이 무덤으로 끝난다면 사람이 세상에 있을 이유가 무엇인가?"라고 말했다.

우리 주께서는 "나는 부활이요 생명이니 나를 믿는 자는 죽어도 살겠고 무릇 살아서 나를 믿는 자는 영원히 죽지 아니하리라"(요 11:25,26)라고 말씀하셨다.

둘째, 부활의 증거

심장이 생명을 공급하는 피를 온몸에 밀어 보내는 것과 같이 부활은 바로 복음의 심장으로서 진리의 전 영역에 생명을 공급해 준다. 부활은 그것을 중심으로 해서 기독교 전체

가 회전하고 있는 추축(樞軸)이다. 부활을 빼내어 버린다면 기독교는 희망적인 사상 아니면 또 하나의 무익한 인간 철학이 되고 만다.

여러 시대를 통해 내려오면서 그리스도인들은 예수 그리스도께서 수치스러운 죽음을 죽으심으로 끝낸 것이 아니라 살아나셔서 죽음을 이기셨으며 또한 "…이는 내가 살았고 너희도 살겠음이라"(요 14:19)라고 말씀하심으로써 그분을 믿는 자들에게 동일한 부활의 소망을 주셨다고 하는 사실에 자신의 운명과 삶과 소망을 의지해 왔다.

십자가에 못 박힌 스승을 따라다녔던 비탄에 잠긴 자들을 초대 교회의 용감한 순교자들로 변화시킨 것은 바로 이러한 믿음이었다.

성도의 교제를 탄생시킨 것도 바로 부활이다.

교회가 성립된 지 얼마 되지 않았던 그 당시, 그들은 옥에 갇히고 형벌을 받고 매 맞고 욕설을 듣고 심지어 죽음을 당했지만, 그러나 아무도 그들로 하여금 부활의 실재를 부인하도록 만들 수는 없었다. 기독교 신앙의 초석은 항상 있어 왔으며, 또한 항상 있을 것이다.

왜냐면 부활이 없다면 구원도, 그리스도의 신성도, 영생도 그리고 죽음의 중요성도 다 없어지기 때문이다. 이런 이유 때문에 부활은 항상 공격을 받고 있다.

(1) 예수 그리스도의 빈 무덤이 부활을 증거한다.

"그가 여기 계시지 않고 그의 말씀하시던대로 살아나셨
느니라 와서 그의 누우셨던 곳을 보라 또 빨리 가서 그의
제자들에게 이르되 그가 죽은 자 가운데서 살아나셨고
너희보다 먼저 갈릴리로 가시나니 거기서 너희가 뵈오
리라 하라 보라 내가 너희에게 일렀느니라 하거늘 그 여
자들이 무서움과 큰 기쁨으로 무덤을 빨리 떠나 제자들
에게 알게 하려고 달음질할쌔 예수께서 저희를 만나 가
라사대 평안하뇨 하시거늘 여자들이 나아가 그 발을 붙
잡고 경배하니 이에 예수께서 가라사대 무서워 말라 가
서 내 형제들에게 갈릴리로 가라 하라 거기서 나를 보리
라 하시니라 여자들이 갈제 파숫군 중 몇이 성에 들어가
모든 된 일을 대제사장들에게 고하니 그들이 장로들과
함께 모여 의논하고 군병들에게 돈을 많이 주며 가로되
너희는 말하기를 그의 제자들이 밤에 와서 우리가 잘 때
에 그를 도적질하여 갔다 하라 만일 이 말이 총독에게 들
리면 우리가 권하여 너희로 근심되지 않게 하리라 하니
군병들이 돈을 받고 가르친대로 하였으니 이 말이 오늘
날까지 유대인 가운데 두루 퍼지니라"- 마태복음 28장 6-15절

"무덤에 들어가서 흰 옷을 입은 한 청년이 우편에 앉은
것을 보고 놀라매 청년이 이르되 놀라지 말라 너희가 십
자가에 못 박히신 나사렛 예수를 찾는구나 그가 살아나

셨고 여기 계시지 아니하니라 보라 그를 두었던 곳이니
라" – 마가복음 16장 5,6절

"안식 후 첫날 이른 아침 아직 어두울 때에 막달라 마리
아가 무덤에 와서 돌이 무덤에서 옮겨간 것을 보고 시몬
베드로와 예수의 사랑하시던 그 다른 제자에게 달려가
서 말하되 사람이 주를 무덤에서 가져다가 어디 두었는
지 우리가 알지 못하겠다 하니 베드로와 그 다른 제자가
나가서 무덤으로 갈쌔 둘이 같이 달음질하더니 그 다른
제자가 베드로보다 더 빨리 달아나서 먼저 무덤에 이르
러 구푸려 세마포 놓인 것을 보았으나 들어가지는 아니
하였더니 시몬 베드로도 따라 와서 무덤에 들어가 보니
세마포가 놓였고 또 머리를 쌌던 수건은 세마포와 함께
놓이지 않고 딴 곳에 개켜 있더라 그 때에야 무덤에 먼
저 왔던 그 다른 제자도 들어가 보고 믿더라 (저희는 성
경에 그가 죽은 자 가운데서 다시 살아나야 하리라 하신
말씀을 아직 알지 못하더라)" – 요한복음 20장 1~9절

예수 그리스도의 무덤은 비어 있었다.
이는 그리스도께서 부활하셨다는 확실한 증거이다.

(2) 부활하신 주님을 목격한 사람들이 부활을 증거한다.
목격자들의 증언은 좋은 증거이다. 전 역사를 통하여 인간

의 법정은 가능한 한 언제든지 목격자들의 말을 근거로 판결을 내린다. 특히 목격자들이 진정한 성실성과 지성을 갖춘 유능하고 건전한 사람일 때, 이들의 말은 가장 확실한 증거가 된다. 바울은 이러한 사실에 호소하고 있으며, 고린도전서 15장 5-8절에서 실제로 이렇게 말하고 있다.

> "너희들이 만일 그리스도의 육체적인 부활에 대하여 의심한다면, 그분을 본 500명 이상의 사람들에 대하여 너희에게 말해 주겠다."

부활하신 주님을 목격한 사람들은 다음과 같다.

① 막달라 마리아가 부활하신 주님을 만났다(막 16: 9).

② 예수님을 사랑했던 사람들이 부활하신 주님을 만났다(마 28:9).

③ 베드로가 부활하신 주님을 만났다(눅 24:12).

④ 엠마오 도상의 두 제자가 부활하신 주님을 만났다(눅 24:13).

⑤ 다락방에 있던 제자들이 부활하신 주님을 만났다(눅 24:36).

⑥ 도마가 부활하신 주님을 만났다(요 20:26).

⑦ 디베랴 바다에서 제자들이 부활하신 주님을 만났다(요 21:1).

⑧ 산상(山上)의 열한 제자가 부활하신 주님을 만났다(마 28: 16).

⑨ 오백여 형제가 부활하신 주님을 만났다(고전 15:6).

⑩ 야고보가 부활하신 주님을 만났다(고전 15:7).

⑪ 감람산의 제자들이 부활하신 주님을 만났다(행 1:6).

⑫ 스데반이 부활하신 주님을 만났다(행 7:55).

⑬ 사도 바울이 부활하신 주님을 만났다(행 9: 5).

⑭ 사도 요한이 부활하신 주님을 만났다(계 1:9).

에드워드 클라크라는 한 법률가는 이렇게 말했다.

"법률가로서 나는 오랫동안, 처음 부활절의 사건들에 대한 증거들을 연구해 왔다. 내가 보기에 그 증거는 확실하며, 고등법원에서 있었던 많은 재판 때에도 이처럼 강력한 증거는 거의 찾아보지 못했다. 증거에 대해서는 추론이 뒤따르게 되는데 믿을 만한 증언은 언제나 꾸밈이 없으며 결과에 신경 쓰지 않는다. 부활에 대한 복음서의 증거는 그와 같다. 법률가로서 나는 그 증거를 자신들이 입증할 수 있는 사실들에 대한 진실한 사람들의 증거로서 거리낌 없이 받아들인다."

세 권으로 된 유명한 책 『로마사』의 저자이고 또한 영국 옥스퍼드 대학교의 현대사 교수인 토마스 아놀드는 이렇게 말했다.

"우리 주님의 생애와 죽으심과 부활에 대한 증거는 만족할 만하다고 볼 수 있으며 또한 자주 그렇게 인정되어 왔다. 좋은 증거와 나쁜 증거는 일반 법칙에 따라 구별하게 된다. 모든 판단들이 가장 중요한 한 대의(大義)로 집약될 수 있도록 수천, 수만의 사람들이 증거들을 하나씩 하나씩 주의 깊게 검토해 왔다. 나는 다른 사람들을 설득하기 위해서가 아니라 나 자신이 만족하기 위하여, 여러 번 거듭하여 그것을 검토하였다. 여러 해 동안 다른 시대의 역사들을 연구하며 또한 그 역사들에 대해 기록한 사람들의 증거를 조사하고 검토해 본 결과, 나는 인류 역사상 그리스도께서 죽으셨으며, 죽은 자 가운데서 다시 살아나셨다고 말씀하시는 하나님의 그 큰 증거보다 더 훌륭하고 충분한 증거에 의해 입증되는 어떤 사실도 없다는 것을 알게 되었다."

신학자인 찰스 호지는 부활에 대하여 "그것은 고대 역사에서 가장 잘 입증된 사건이다"라고 말했다. 왜 그러한가? 무수한 목격자들의 증거 때문이다. 그뿐만 아니라 주일이 그리스도의 부활을 증거한다. 주일은 바로 그리스도의 부활을 기념하고 하나님께 예배드리는 날이다. 만약 그리스도의 부활이 없었다면 우리는 여전히 주일이 아닌 안식일(토요일)에 예배를 드리고 있을 것이다. 그 외에도 교회의 형성이나 신약성경의 형성, 그리고 제자들의 변화가 그리스도의 부활을 증거한다.

셋째, 부활의 능력

"내가 받은 것을 먼저 너희에게 전하였노니 이는 성경대로 그리스도께서 우리 죄를 위하여 죽으시고 장사 지낸바 되었다가 성경대로 사흘만에 다시 살아나사 게바에게 보이시고 후에 열 두 제자에게와 그 후에 오백여 형제에게 일시에 보이셨나니 그 중에 지금까지 태반이나 살아 있고 어떤이는 잠들었으며 그 후에 야고보에게 보이셨으며 그 후에 모든 사도에게와 맨 나중에 만삭되지 못하여 난 자 같은 내게도 보이셨느니라" – 고린도전서 15장 3–8절

(1) 슬픔을 없애 준다.

"예수께서 가라사대 여자여 어찌하여 울며 누구를 찾느냐 하시니 마리아는 그가 동산지기인 줄로 알고 가로되 주여 당신이 옮겨 갔거든 어디 두었는지 내게 이르소서 그리하면 내가 가져가리이다 예수께서 마리아야 하시거늘 마리아가 돌이켜 히브리 말로 랍오니여 하니 (이는 선생님이라" – 요한복음 20장 15,16절

(2) 두려움을 없애 준다.

"이날 곧 안식 후 첫날 저녁 때에 제자들이 유대인들을 두려워하여 모인 곳에 문들을 닫았더니 예수께서 오사

가운데 서서 가라사대 너희에게 평강이 있을찌어다"–요
한복음 20장 19절

(3) 의심을 없애 준다.

"도마에게 이르시되 네 손가락을 이리 내밀어 내 손을
보고 네 손을 내밀어 내 옆구리에 넣어보라 그리하고 믿
음 없는 자가 되지 말고 믿는 자가 되라"– 요한복음 20장 27절

넷째, 부활의 중요성

① 이는 구약 예언의 성취이다(시 16:10 / 행 2:27).
② 이는 복음의 핵심이다(고전 15:1–4 / 롬 4:22–25).
③ 이는 구원의 전제가 된다(롬 10:9).
④ 이는 중생의 근거가 된다(롬 6:3,4 / 골 2:12).
⑤ 이는 예수그리스도의 신성을 증명한다(롬 1:2–4 / 행 2:24).
⑥ 이는 성도의 부활을 보증한다(고전 15: 20–24 / 살전 4:16–18).
⑦ 이는 성도의 승리로운 삶의 원천이 된다(엡 1:18–20).
⑧ 이는 그리스도의 승천과 성령 강림, 그리고 그리스도의
　재림의 전제가 된다.

결론

신학자 에반스는 부활에 대하여 "기독교(적어도 신약의 기독교)는 무엇보다 부활의 종교이다"라고 말했다. 영국의 유명한 철학자 존 로크는 "우리 구세주의 부활은 기독교에 정말 대단히 중요하다. 그분이 메시아인지 아닌지의 여부는 거기에 달려 있다"라고 말했다.

이 두 가지 진술은 우리가 기억해야 할 두 가지 요점을 강조하고 있다. 즉, 기독교는 부활에 기초해 있다는 점과 그리스도가 메시아이시며 주님이시라는 사실 또한 부활에 기초해 있다는 점이다. 부활은 기독교 진리의 초석이며 또한 모든 인간 영혼의 운명에서 매우 중요하다.

주님의 부활이 없고 성도의 부활이 없다면 이 세상에서 가장 불쌍한 사람은 바로 그리스도인일 것이다. 그러나 주님은 확실히 부활하셨다. 성경이 주님의 부활을 증거하고 주님의 부활을 목격한 많은 사람들이 주님의 부활을 증거하였다. 주님의 부활을 통하여 우리는 슬픔과 두려움을 벗고 능력 있는 삶을 살 수 있다.

4. 우리의 감사

"온 땅이여 여호와께 즐거이 부를찌어다 기쁨으로 여호와를 섬기며 노래하면서 그 앞에 나아갈찌어다 여호와가 우리 하나님이신줄 너희는 알찌어다 그는 우리를 지으신 자시요 우리는 그의 것이니 그의 백성이요 그의 기르시는 양이로다 감사함으로 그 문에 들어가며 찬송함으로 그 궁정에 들어가서 그에게 감사하며 그 이름을 송축할찌어다 대저 여호와는 선하시니 그 인자하심이 영원하고 그 성실하심이 대대에 미치리로다" – 시편 100편 1–5절

서론

『셰익스피어는 "감사할 줄 모르는 자녀를 갖는 것은 뱀의 이빨에 물리는 것보다 더 따가운 일이다"라고 말함으로써 감사의 중요성을 강조하였다.

'돌아와 돌아와'의 작사가인 게이츠는 25세 되던 해인 1860년 어느 겨울날, 폭풍이 몰아치는 좋지 않은 날씨 때문에 자신의 모든 일정이 취소되자 짜증내고 불평하며 하나님을 원망하였다. 그러나 그녀는 창밖으로 휘날리는 눈을 보면서 마음이 차분히 가라앉는 것을 느꼈다. 그때 그녀는 '내가 밖에 나갈 수 없으면 집안에서

유익한 일을 할 수 있지 않을까?'라고 생각하고는 다음 가사를 지었다.

　돌아와 돌아와 맘이 곤한 이여,
　길이 참 어둡고 매우 험악하니,
　집을 나간 자여 어서 와 돌아오라.
　어서 와 돌아오라. 』

　이 세상에는 세 가지 형태의 신자가 있다.
　감사할 줄 모르는 신자와 자기 본위로 감사하는 신자, 그리고 하나님 중심으로 감사하는 신자이다.

첫째, 하나님으로 인해 감사해야 한다.

　괴테는 "내가 인생 중에 즐겁다고 생각한 시간은 불과 네 주일밖에 없었다"라며 한탄하였다. 또한 로마의 웅변가인 키케로는 "이 세상에서 제일 큰 행복은 내가 이 세상에 태어나지 않는 것이며 그다음 행복은 하루빨리 이 세상을 떠나는 것이다"라고 삶을 불평하였다.
　윤심덕은 다음과 같이 죽음을 찬미하며 번민 끝에 현해탄에 몸을 던져 자살했다.
　"황막한 광야를 달리는 인생아, 너는 가는 곳이 어디뇨?

쓸쓸한 세상 험악한 고해, 너는 무엇을 찾으러 가느냐? 눈물로 된 이 세상에 나 죽으면 그만이다. 행복 찾는 인생들아, 너 찾는 것은 슬픔뿐이다."

"전도자가 가로되 헛되고 헛되며 헛되고 헛되니 모든 것이 헛되도다 사람이 해 아래서 수고하는 모든 수고가 자기에게 무엇이 유익한고" – 전도서 1장 2,3절

하나님을 만나기 전에는 이와 같이 삶에 대한 회의가 사라지지 않는다. 그러므로 우리는 무엇보다 하나님으로 인해 감사해야 한다.

『11월, 국화 향기 그윽한 가을! 귀뚜라미 울음소리 들리고 창밖에서 겨울을 재촉하는 바람 소리가 들리며 무성했던 나뭇잎이 힘없는 낙엽이 되어 한 잎 두 잎 바람에 날려 가는 처량한 모습들은 어느덧 월동 차비를 하도록 마음을 초조하게 만든다.
그러나 우리들 마음에는 의지와 인내를 주시는 하나님이 계시다. 봄의 하나님은 여름의 하나님이시고, 여름의 하나님은 가을의 하나님도 되시며, 가을의 하나님은 모진 바람이 부는 겨울의 하나님이시기도 하다.

옛날부터 우리 민족에게는 '보릿고개'라는 슬픈 단어가 있었다. 조상들은 이 고개를 가리켜 '가장 넘기 힘든 고개'라고 말했다. 지난해 가을 추수한 양식이 반 년도 채 지나기 전에 다 떨어져서 허

기진 배를 움켜잡고 보리 추수를 하여 추수한 보리쌀로 그 해 가을 추수할 때까지 양식을 삼아야 했다.

'보릿고개'라는 말은 과거 우리나라의 가난을 대표한 단어다. 그러나 현재 우리나라의 경제적인 상태는 어떠한가? 하나님께서는 우리에게 기적적인 경제적 발전과 더불어 부를 주셨다. 이제 우리 생활에서 '보릿고개'라는 슬픈 단어는 찾아볼 수 없고 젊은 세대는 그 단어를 잊은 지 오래다.

그리스도인들은 맥추 감사절을 맞이하여 우리에게 경제적 부를 주신 하나님께 감사하고 하나님께서 주신 물질을 하나님의 영광을 위해서 그 뜻대로 사용해야 할 것이다. 물질은 궁극적으로 하나님의 것이며 하나님께서 우리에게 일시적으로 맡긴 것이다.

따라서 우리는 하나님께서 우리에게 맡긴 물질을 선한 청지기처럼 오직 하나님의 영광을 위해 사용해야 할 것이다. 』

둘째, 하나님을 섬기는 것을 감사해야 한다.

이 세상에는 쓸모없는 물질을 섬기는 사람이 많다.

"사람이 만일 온 천하를 얻고도 제 목숨을 잃으면 무엇이 유익하리요 사람이 무엇을 주고 제 목숨을 바꾸겠느냐" - 마태복음 16장 26절

"네가 이 세대에 부한 자들을 명하여 마음을 높이지 말고 정함이 없는 재물에 소망을 두지 말고 오직 우리에게

모든 것을 후히 주사 누리게 하시는 하나님께 두며 선한 일을 행하고 선한 사업에 부하고 나눠주기를 좋아하며 동정하는 자가 되게 하라 이것이 장래에 자기를 위하여 좋은 터를 쌓아 참된 생명을 취하는 것이니라" - 디모데전서 6장 17-19절

"너희를 위하여 보물을 땅에 쌓아 두지 말라 거기는 좀과 동록이 해하며 도적이 구멍을 뚫고 도적질하느니라 오직 너희를 위하여 보물을 하늘에 쌓아 두라 거기는 좀이나 동록이 해하지 못하며 도적이 구멍을 뚫지도 못하고 도적질도 못하느니라 네 보물 있는 그 곳에는 네 마음도 있느니라" - 마태복음 6장 19-21절

"예수께서 제자들에게 이르시되 내가 진실로 너희에게 이르노니 부자는 천국에 들어가기가 어려우니라 다시 너희에게 말하노니 약대가 바늘귀로 들어가는 것이 부자가 하나님의 나라에 들어가는 것보다 쉬우니라 하신대 제자들이 듣고 심히 놀라 가로되 그런즉 누가 구원을 얻을 수 있으리이까 예수께서 저희를 보시며 가라사대 사람으로는 할 수 없으되 하나님으로서는 다 할 수 있느니라" - 마태복음 19장 23-26절

『믿는 사람과 믿지 않는 사람의 차이는 아마도 이러하리라. 믿지 않는 불신자는 대부분 하나님을 알지 못한다. 또는 하나님을 안다고는 하지만 로마서 1장 21절에 있는 말씀과 같이 영화롭게도

하지 아니하고 또한 감사하지도 아니한다.

하나님을 믿는 사람들은 하나님을 알뿐더러 하나님을 영화롭게 하고 하나님의 은혜를 깨달아서 감사할 줄 안다.

예수님의 비유 가운데 어리석은 부자의 비유를 기억해 보라. 어리석은 부자는 어느 해에 곡식 농사를 아주 잘 지어서 풍성한 수확을 거두었다. 그러나 그 부자는 그 풍성함에 대해 전혀 감사하지 않았다. 그에게는 한 가지 근심만 있었는데, 그것은 "이렇게 많은 곡식을 어디다 쌓아둘까?"라는 것이었다. 생각 끝에 그는 곳간을 다시 넓게 짓고 그 곳간에 곡식을 가득히 채웠다. 그러나 그때에도 그는 하나님 앞에 감사할 생각은 조금도 없었다. 그는 스스로 "이제는 마음 놓고 즐거워하고 먹고 마시자. 여러 해 동안 쓸 것을 내 곳간에 채워두었다"라고 말하면서 즐거워했다. 그러나 그날 밤에 하나님께서 그 영혼을 부르신 것을 주의 깊게 살펴보자.

감사는 하나님의 은혜에 대하여 사람이 응답하는 마음의 표현이다.

"여호와께 감사하라 저는 선하시며 그 인자하심이 영원함이로다" – 시편 118편 1절 』

명예나 권력을 섬기는 사람도 많이 있다. 하지만 사도 바울은 서로 섬기는 삶을 살라고 권면하였다.

"아무 일에든지 다툼이나 허영으로 하지 말고 오직 겸손한 마음으로 각각 자기보다 남을 낫게 여기고 각각 자기 일을 돌아볼 뿐더러 또한 각각 다른 사람들의 일을 돌아보아 나의 기쁨을 충만케 하라" – 빌립보서 2장 3,4절

오직 주님을 섬기는 섬김만이 확실하고 정확한 봉사이다.
"자기 목숨을 얻는 자는 잃을 것이요 나를 위하여 자기 목숨을 잃는 자는 얻으리라 너희를 영접하는 자는 나를 영접하는 것이요 나를 영접하는 자는 나 보내신 이를 영접하는 것이니라 선지자의 이름으로 선지자를 영접하는 자는 선지자의 상을 받을 것이요 의인의 이름으로 의인을 영접하는 자는 의인의 상을 받을 것이요 또 누구든지 제자의 이름으로 이 소자 중 하나에게 냉수 한 그릇이라도 주는 자는 내가 진실로 너희에게 이르노니 그 사람이 결단코 상을 잃지 아니하리라 하시니라" – 마태복음 10장 39–42절

우리가 하나님을 섬길 때 주님으로부터 놀라운 복을 받을 수 있다.
"우리가 세상에 아무것도 가지고 온 것이 없으매 또한 아무 것도 가지고 가지 못하리니 우리가 먹을 것과 입을 것이 있은즉 족한 줄로 알 것이니라" – 디모데전서 6장 7,8절
"형제들아 나는 아직 내가 잡은 줄로 여기지 아니하고

오직 한 일 즉 뒤에 있는 것은 잊어버리고 앞에 있는 것을 잡으려고 푯대를 향하여 그리스도 예수 안에서 하나님이 위에서 부르신 부름의 상을 위하여 좇아가노라"

– 빌립보서 3장 13,14절

"내가 선한 싸움을 싸우고 나의 달려갈 길을 마치고 믿음을 지켰으니 이제 후로는 나를 위하여 의의 면류관이 예비되었으므로 주 곧 의로우신 재판장이 그 날에 내게 주실 것이니 내게만 아니라 주의 나타나심을 사모하는 모든 자에게니라"– 디모데후서 4장 7,8절

셋째, 범사에 감사해야 한다.

"범사에 감사하라 이는 그리스도 예수 안에서 너희를 향하신 하나님의 뜻이니라"– 데살로니가전서 5장 18절

『어느 날 우물가에서 흑색과 백색 두 개의 물통이 이야기를 주고받았다.

"얘, 흑통아! 너는 왜 그렇게 쓸쓸한 표정을 하고 있니? 대체 무슨 일이니?"라고 흰 물통이 물었다.

검은 물통은 "나는 우물에서 돌아갈 때는 언제나 물이 차고 넘치지만 우물에 올 때는 언제나 빈 통이 되고 말아. 아무리 채우면 무얼 하니? 그래서 쓸쓸해"라고 대답했다.

흰 물통은 "그것은 네가 생각을 잘못한 거야. 나도 언제나 우물에 올 때는 빈 통으로 오지만 돌아갈 때 한 통이 되어 갈 것을 생각하면 너무도 기뻐. 너도 나처럼 생각을 고쳐 봐. 그러면 기쁘하게 될 테니"라고 말했다. 』

(1) 하나님의 징계와 고난도 감사해야 한다.

"저희는 잠시 자기의 뜻대로 우리를 징계하였거니와 오직 하나님은 우리의 유익을 위하여 그의 거룩하심에 참예케 하시느니라 무릇 징계가 당시에는 즐거워 보이지 않고 슬퍼 보이나 후에 그로 말미암아 연달한 자에게는 의의 평강한 열매를 맺나니"– 히브리서 12장 10,11절

"또 너희가 열심으로 선을 행하면 누가 너희를 해하리요 그러나 의를 위하여 고난을 받으면 복 있는 자니 저희의 두려워함을 두려워 말며 소동치 말고 너희 마음에 그리스도를 주로 삼아 거룩하게 하고 너희 속에 있는 소망에 관한 이유를 묻는 자에게는 대답할 것을 항상 예비하되 온유와 두려움으로 하고 선한 양심을 가지라 이는 그리스도 안에 있는 너희의 선행을 욕하는 자들로 그 비방하는 일에 부끄러움을 당하게 하려 함이라"– 베드로전서 3장 13–16절

『어느 집 벽에 다음과 같은 가훈이 걸려 있었다.

"생각하라 그리고 감사하라"(Think and Thank).

앵글로 색슨어로 감사(Thankfulness)의 어원은 생각(Thoughtfulness)이라고 한다.

생각해 보면 감사 드려야 할 것이 얼마나 많은지!

그러나 많은 사람들은 불만과 불평으로 가득 찬 생활을 하고 있다.

"세상 모든 풍파 너를 흔들어 약한 마음 낙심하게 될 때에

내려 주신 주의 복을 세어라 주의 크신 복을 네가 알리라

받은 복을 세어 보아라 크신 복을 네가 알리라

받은 복을 세어 보아라 크신 복을 네가 알리라

받은 복을 세어 보아라 주의 크신 복을 네가 알리라"

위의 찬송가 가사처럼 생각하자 그리고 감사하자.』

"그가 아들이시라도 받으신 고난으로 순종함을 배워서"
– 히브리서 5장 8절

"생각건대 현재의 고난은 장차 우리에게 나타날 영광과 족히 비교할 수 없도다" – 로마서 8장 18절

"오직 너희가 그리스도의 고난에 참예하는 것으로 즐거워하라 이는 그의 영광을 나타내실 때에 너희로 즐거워하고 기뻐하게 하려 함이라" – 베드로전서 4장 13절

"의를 위하여 핍박을 받은 자는 복이 있나니 천국이 저

희 것임이라 나를 인하여 너희를 욕하고 핍박하고 거짓으로 너희를 거스려 모든 악한 말을 할 때에는 너희에게 복이 있나니 기뻐하고 즐거워하라 하늘에서 너희의 상이 큼이라 너희 전에 있던 선지자들을 이같이 핍박하였느니라" – 마태복음 5장 10-12절

(2) 감사할 것을 감사해야 한다.

『언젠가 미국의 미시간 호수에서 큰 배가 파선을 당해 많은 사람이 물에 빠졌는데 그 가운데 수영 잘하는 사람이 한 명이 있어서 혼자서 열일곱 사람을 건졌다고 한다. 그 사람의 용기에 대해 신문이 보도하자 여러 사람들이 그 사람의 이름을 알게 되었다.

토리 박사는 로스앤젤레스에서 설교를 하면서 이 남자의 이름을 언급하며 "우리도 그런 용기를 가지고 살아야 하며 다른 사람을 사랑하고 구원하기 위하여 힘써야 한다"라고 말했다.
설교를 마치자 청중 가운데 한 사람이 손을 들며 "제가 바로 그 사람입니다"라고 말했다. 열일곱 명의 생명을 살린 바로 그 사람이 그 자리에 와서 토리 박사의 설교를 들었던 것이다. 토리 박사는 너무 감사해서 그를 강단으로 올라오게 한 후 칭찬을 해주고 마지막에 "그와 같이 좋은 일을 했는데 그 일 후에 특별히 느낀 바가 있습니까?"라고 물었다. 그 사람은 "별로 느낀 바는 없습니다. 그런데 한 가지 이상한 것은 내가 그때 열일곱 명을 구하기는

하였으나 그들 가운데 한 사람도 나에게 와서 감사하다고 말하는 사람이 없었다는 것입니다"라고 말했다.

예수께서는 열 명의 문둥병 환자를 고쳐주었으나 한 사람만이 와서 감사를 한 것을 우리는 기억한다. 현대인은 감사를 잊고 산다. 하나님께서 우리에게 주시는 은혜의 복이 그렇게 많건만 그래도 감사를 모르고 살고 불평과 불만을 한다.』

"또 무엇을 하든지 말에나 일에나 다 주 예수의 이름으로 하고 그를 힘입어 하나님 아버지께 감사하라"–골로새서 3장 17절

7대 현인 중 한 사람인 탈레스는 다음과 같은 것을 감사했다.
- 야수가 아니라 사람으로 태어난 것을 감사
- 여자가 아닌 남자로 태어난 것을 감사
- 야만인이 아니라 헬라인으로 태어난 것을 감사

우리는 나 아닌 타인의 도움을 받으며 살아왔고 또 살고 있음을 부정할 수 없다. 나의 현재의 생존은 나만의 힘에 의한 것이 아니다. 우리는 겸손히 우리를 위해 피와 땀을 흘렸고 젊은 청춘을 불사른 순국선열들과 유가족 앞에 조의를 표하며 우리에게 도저히 잊을 수 없는 사랑을 주신 분들에게

감사하는 마음을 가져야 한다. 어떤 분들이 우리에게 그들의 사랑을 주었는가?

- 전사한 장병들과 애국지사들: 이분들은 조국의 생존의 터와 주권을 지키기 위하여 그들의 청춘과 피를 이 땅에 흘렸다.
- 부모님: 이분들은 우리를 낳아 주셨고 길러 주셨다. 우리를 위해 갖은 고난과 수치를 감당하신 그리고 우리를 위하여 어떠한 희생도 두려워하지 않은 숭고한 사랑의 열병을 앓으신 분이었다.
- 스승님: 이분들의 수고와 희생을 통하여 삶에 필요한 지식을 습득하게 되었다.
- 영적 지도자: 이분들은 우리의 영이 중생하도록 생명의 복음을 증거해 주시고 우리의 영이 성장하도록 생명의 양식을 먹여 주셨다.
- 예수 그리스도: 하나님이신 주께서는 하늘의 영광과 보좌를 버리시고 나와 똑같은 인간이 되셔서 십자가에서 피 흘려 죽음으로 영원한 속죄를 이루시어 삶의 의미와 가치, 그리고 영원한 영적 생명을 주셨다.

우리는 감사해야 한다. 감사는 성도의 사명이다.

그렇다면 우리는 언제 감사할 것인가?
성경은 다음과 같이 교훈하고 있다.

① 조석으로(시 92:1,2)

② 밤중에도(시 119:62)

③ 식사할 때마다(딤전 4:4,5)

④ 기도할 때마다(빌 4:6)

⑤ 일할 때마다(골 3: 17)

⑥ 범사에(모든 일에) (살전 5:16)

⑦ 항상(엡 5:20)

⑧ 영원토록(시 89:1)

결론

"너희가 넉 달이 지나야 추수할 때가 이르겠다 하지 아니
하느냐 내가 너희에게 이르노니 눈을 들어 밭을 보라 희
어져 추수하게 되었도다 거두는 자가 이미 삯도 받고 영
생에 이르는 열매를 모으나니 이는 뿌리는 자와 거두는
자가 함께 즐거워하게 하려 함이니라" - 요한복음 4장 35,36절

사람들은 추수를 위하여 여름에 땀을 흘리며 수고를 한다.
팥을 심으면 팥을 거두고, 참외를 심으면 참외를 거두고, 옥
수수를 심으면 옥수수를 거두는 것은 만세불변의 철칙이다.
어찌 가시나무에서 포도를 따며 찔레나무에서 무화과를 얻
으랴. 심은 대로 거두는 것이 원칙이다.

에덴동산에서 죄를 심었으니 오늘의 불행을 거두는 것이며, 예수께서 진리의 씨를 뿌렸으므로 인간들이 구원을 얻게 되고, 야곱이 거짓의 씨를 심어 그의 10형제 아들에게 속임을 당했고, 다윗은 음란의 씨를 심어 그 가정이 음란을 면치 못했고, 바울은 사랑을 심어 영생의 열매를 맺었다.

호세아 선지자는 말하기를 "저희가 바람을 심고 광풍을 거둘 것이라…"(호 8:7)라고 하였다.

우리는 금년에 "무엇을 추수할 것인가?"라고 묻기 전에 "그동안 나는 무엇을 심었나?"를 생각해 볼 수 있는 좋은 기회가 되기를 진심으로 바란다.

5. 성탄에 대한 반응

"헤롯왕 때에 예수께서 유대 베들레헴에서 나시매 동방으로부터 박사들이 예루살렘에 이르러 말하되 유대인의 왕으로 나신 이가 어디 계시뇨 우리가 동방에서 그의 별을 보고 그에게 경배하러 왔노라 하니 헤롯왕과 온 예루살렘이 듣고 소동한지라 왕이 모든 대제사장과 백성의 서기관들을 모아 그리스도가 어디서 나겠느뇨 물으니 가로되 유대 베들레헴이오니 이는 선지자로 이렇게 기록된바 또 유대 땅 베들레헴아 너는 유대 고을 중에 가장 작지 아니하도다 네게서 한 다스리는 자가 나와서 내 백성 이스라엘의 목자가 되리라 하였음이니이다 이에 헤롯이 가만히 박사들을 불러 별이 나타난 때를 자세히 묻고 베들레헴으로 보내며 이르되 가서 아기에 대하여 자세히 알아 보고 찾거든 내게 고하여 나도 가서 그에게 경배하게 하라 박사들이 왕의 말을 듣고 갈쌔 동방에서 보던 그 별이 문득 앞서 인도하여 가다가 아기 있는 곳 위에 머물러 섰는지라 저희가 별을 보고 가장 크게 기뻐하고 기뻐하더라 집에 들어가 아기와 그 모친 마리아의 함께 있는 것을 보고 엎드려 아기께 경배하고 보배합을 열어 황금과 유향과 몰약을 예물로 드리니라 꿈에 헤롯에게로 돌아가지 말라 지시하심을 받아 다른 길로 고국에 돌아가니라" – 마태복음 2장 1-12절

서론

성탄에 대한 반응은 나라와 시대에 따라 약간의 차이가 있지만 대체로 몇 가지 공통점이 있다.

- 어린아이들은 성탄절을 산타클로스와 연결해서 생각한다.
- 상인들은 성탄절을 상품 매상과 직결시킨다.
- 교인들은 성탄절을 연말 이웃 돕기로만 생각한다.
- 일반 사람들은 성탄절을 들뜬 마음으로 친구와 어울려 술 마시고 노는 날로 생각한다.

그렇다면 본문에 나오는 사람들은 성탄절에 어떤 반응을 보였는지 살펴보자.

첫째, 헤롯 왕의 반응

헤롯 왕은 메시아의 탄생 소식을 듣고 피해의식에 사로잡혀 어리석은 행동을 하였다.

(1) 권력에 대한 피해의식

예수께서 유대인의 왕이라는 소식을 들은 헤롯은 자기 권력을 상실하게 될까 봐 크게 소동하였다. 하지만 모든 권세는 하나님의 손에 달려 있다.

"각 사람은 위에 있는 권세들에게 굴복하라 권세는 하나님께로 나지 않음이 없나니 모든 권세는 다 하나님의 정하신바라 그러므로 권세를 거스리는 자는 하나님의 명을 거스림이니 거스리는 자들은 심판을 자취하리라"
– 로마서 13장 1,2절

"예수께서 나아와 일러 가라사대 하늘과 땅의 모든 권세를 내게 주셨으니" – 마태복음 28장 18절

『5세기에 로마의 정치가이자 사상가였던 보이티우스는 악인이 권력을 잡을 때 그것이 얼마나 악하게 사용되는가에 대해 다음과 같이 노래했다.

"우리는 알지 않는가? 폭군 네로가 그 얼마나 철저한 파멸을 초래했는지를….

로마 도성을 불사르고 원로원 의원들을 살해하고 자기 동생도 참혹하게 죽인 그의 손을 마침내 자기 어머니의 피로 더럽혔던 것을….

그는 싸늘해진 어머니의 시체를 보고도 한 방울의 눈물도 흘리지 않고 오히려 사라진 어미 생전의 자색(姿色)을 논했다. 이런 자가 뭇 백성을 다스렸다니,

동녘 끝에서 떠올라와 서쪽 노을에 지는 태양이 굽어살피는 그 백성들을….

북두칠성이 찬 빛으로 반짝이는 그 땅의 백성들을….

건조한 열대의 남풍이 작열하는 사막을 불태워 폭염에 허덕이는 그 백성들을….”』

UN 사무총장이었던 다그 함마르셸드는 “정당하게 권력을 행사하는 사람만이 권력을 가질 자격이 있는 사람이다”라고 말했다. 또한 벨기에의 평화주의자 피르는 “무제한의 권력은 지배자를 타락케 한다”라고 역설하였고, 세네카는 “제왕에게 신하는 많을지언정 벗은 한 사람도 없다”라고 말했다.

(2) 명예에 대한 피해의식
헤롯은 또한 명예에 대한 피해의식에 사로잡혔다.
보이티우스는 이를 다음과 같이 묘사하였다.

우주의 광대한 공간을 보고
지구의 한정된 위치를 바라보라.
제 아무리 널리 알려졌을지라도
협소한 공간마저 못다 채우는
그 이름 부끄럽다 할지니
오! 불순한 자들이여!

완전한 사람은 자기를 무시하고, 신앙의 사람은 공적을 무시하고, 성자는 명예를 무시하는 법이다.
“의인을 기념할 때에는 칭찬하거니와 악인의 이름은 썩

으리라" - 잠언 10장 7절

『뉴욕 주립대학에서 국무장관 엘리후 룻에게만 준 명예박사 학
위를 에디슨에게 수여하기로 결정하고 그에게 연락을 했으나 에
디슨은 연구 때문에 바쁘다며 사양했다. 그래서 전화로라도 받을
수 없느냐고 해서 결국 어쩔 수 없이 받았다고 한다. 요즘 성직자
들까지 가짜 박사를 돈 주고 사는 판에 이 얼마나 뚜렷한 대조를
이루는가!』

(3) 분노의 결과

"소년의 분노는 불을 붙인 짚더미와 같고 노인의 분노는
붉게 단 강철과 같다."

"분을 내어도 죄를 짓지 말며 해가 지도록 분을 품지 말
고" - 에베소서 4장 26절

"미련한 자는 분노를 당장에 나타내거니와 슬기로운 자
는 수욕을 참느니라" - 잠언 12장 16절

"노하기를 더디 하는 자는 크게 명철하여도 마음이 조
급한 자는 어리석음을 나타내느니라" - 잠언 14장 29절

결국 헤롯은 메시아의 탄생에 대해 크게 분노했는데 그 분
노는 엄청난 결과를 초래했다.

● 살인을 감행했다.

"이에 헤롯이 박사들에게 속은 줄을 알고 심히 노하여

사람을 보내어 베들레헴과 그 모든 지경 안에 있는 사내
아이를 박사들에게 자세히 알아본 그 때를 표준하여 두
살부터 그 아래로 다 죽이니" – 마태복음 2장 16절

헤롯은 늘 왕위를 잃을까 봐 두려워했다.

그는 모든 사람에게 의심을 품고, 의심 가는 사람은 누구
나 죽였다. 여기에는 그의 이복형제, 그의 아내와 그녀의 모
친, 그리고 그의 아들 전부가 포함되어 있었다. 죽음이 임박
해지자, 그는 명을 내려서 예루살렘 시민을 구별하여 모두
모아 가두고는 자기가 죽는 순간에 그들도 살육당하게 하였
다. 이 모든 일은 그가 죽었을 때 사람들이 울어 주기를 바랐
기 때문에 저지른 짓이었다. 비록 그것이 다른 이의 죽음을
비통해하는 것일지라도 말이다.

그는 또한 유대인의 왕으로 난 아기를 죽이기 위하여 베들
레헴과 그 인근 지역에 사는 두 살 미만의 어린 아기들을 모
두 학살하였다.

● 아기들의 부모를 슬프게 했다.
"라마에서 슬퍼하며 크게 통곡하는 소리가 들리니 라헬
이 그 자식을 위하여 애곡하는 것이라 그가 자식이 없으
므로 위로 받기를 거절하였도다 함이 이루어졌느니라"
– 마태복음 2장 18절

● 예수님의 가족이 피난 생활의 고통을 당했다.

"요셉이 일어나서 밤에 아기와 그의 모친을 데리고 애굽으로 떠나가"– 마태복음 2장 14절

둘째, 종교 지도자들의 반응

메시아의 탄생에 대해 그 당시 종교 지도자들은 무관심한 반응을 나타냈다.

"왕이 모든 대제사장과 백성의 서기관들을 모아 그리스도가 어디서 나겠느뇨 물으니 가로되 유대 베들레헴이오니 이는 선지자로 이렇게 기록된바"– 마태복음 2장 4,5절

(1) 대제사장의 일
대제사장이 하는 일은 다음과 같다

● 매일 소제를 드린다.

"여호와께서 모세에게 일러 가라사대 아론과 그 자손이 기름 부음을 받는 날에 여호와께 드릴 예물은 이러하니라 고운 가루 에바 십분 일을 항상 드리는 소제물로 삼아 그 절반은 아침에, 절반은 저녁에 드리되"– 레위기 6장 19,20절

- 백성들을 위해 속죄제의 피를 뿌린다(레 4:13-20 참조).
- 제일 중요한 것은, 속죄일에 베옷을 입고 지성소에 들어가 자기를 위해 황소 피로 속죄제를 드리고 백성을 위해 염소 피로 속죄를 드려 주는 일이다.

(2) 제사장의 일

- 매일 제단을 청소하고 불을 피우며 제사를 준비하였다.
- 매일 병균을 조사하였다.
- 레위인의 십일조로 생활하였다.

(3) 서기관의 일

모세 오경은 교회와 국가로 합성된 유대의 헌법이요 교리서였다. 서기관은 그것을 가르치고 해석하는 사람이었다. 오늘날로 말하자면 목사, 교사, 변호사, 행정관의 역할을 도맡아 한 것이다.

그러나 그 모든 종교 지도자들은 무관심한 태도를 보였다.

『옛날 사단이 부하들을 불러 놓고 '어떻게 해야 전도를 방해할 수 있나?'라는 주제로 세미나를 열었다.

한 부하가 자기는 음주로 유혹해 교회를 성장하지 못하게 하겠다고 하자, 사단은 좋은 생각이라고 하였다.

다른 부하가 자기는 음탕함으로 교회를 성장하지 못하게 하겠다고 하자, 그것도 좋은 생각이라고 하였다.

또 다른 부하가 교권주의로 교회를 성장하지 못하게 하겠다고 하자, 그 역시 좋은 생각이라고 하였다.

옆에 있던 한 부하가 자기는 교리로 교회를 성장하지 못하게 하겠다고 하자, 그것도 좋은 생각이라고 하였다.

마지막 부하가 자기는 교인들로 무관심하게 만들어서 교회를 성장하지 못하게 하겠다고 하자, 사단은 그것이 가장 좋은 방법이라고 하였다. 』

오늘날 교회가 성장하고 성도가 복을 받기 위해서는 교회의 일에 관심을 가져야 한다.

『 뉴욕의 고층 아파트에서 한 여자가 살해당하는 사건이 발생했는데 무려 스물한 명이 그 사건을 목격했다. 그런데 "왜 말리지 않았냐?"라는 판사의 질문에 그들 대부분은 "관심이 없어서" 또는 "관련되고 싶지 않아서"라고 대답했다. 』

무관심은 가장 큰 범죄이다.

그 당시 대제사장들은 신학적인 지식인들이었다. 그들은 성전 관리를 통솔하는 자들이었고, 최고의 행정력, 교육, 지도자적 기량을 갖추어야 한다는 규칙에 의해 선택된 제사장들 중 으뜸되는 사람들이었다. 이들은 모두 성경을 잘 아는 사람들이었다.

서기관들은 어학자들이요 성경 해석자들이며 성경의 자료

에 관련된 모든 문화와 역사를 잘 알고 있는 사람들이었다.

이들 두 부류의 사람들이 모여서 메시아가 태어난 곳을 찾아내었다. 미가서 5장 2절의 말씀을 인용해서 그들은 메시아가 베들레헴에서 날 것이라는 사실을 알고 있었다. 그 말씀은 이러하다.

"베들레헴 에브라다야 너는 유다 족속 중 작을지라도 이스라엘을 다스릴 자가 네게서 나올 것이라 그의 근본은 상고에 태초에니라."

여기에는 신학의 석학들이 모여 있었다.

여기에는 박사들이 모여 있었다. 그리고 베들레헴까지는 불과 2,3마일밖에 되지 않았다. 그럼에도 불구하고 그들은 태어난 아기가 정말 메시아인지 가서 확인해 보려고조차 하지 않았다.

셋째, 동방 박사들의 반응

동방 박사들은 메시아의 탄생을 목격하고 예배드렸다.

그들은 메시아께 경배하며 세 가지 예물을 드렸다. 전통적인 동양 예절에 따르면 웃어른을 뵈러 갈 때는 선물을 들고 갔다.

"그들의 아비 이스라엘이 그들에게 이르되 그러할찐대 이렇게 하라 너희는 이 땅의 아름다운 소산을 그릇에 담아가지고 내려가서 그 사람에게 예물을 삼을찌니 곧 유향 조금과 꿀 조금과 향품과 몰약과 비자와 파단행이니라"- 창세기 43장 11절

"사울이 그 사환에게 이르되 우리가 가면 그 사람에게 무엇을 드리겠느냐 우리 그릇에 식물이 다 하였으니 하나님의 사람에게 드릴 예물이 없도다 무엇이 있느냐 사환이 사울에게 다시 대답하여 가로되 보소서 내 손에 은한 세겔의 사분 일이 있으니 하나님의 사람에게 드려 우리 길을 가르치게 하겠나이다"- 사무엘상 9장 7,8절
"다시스와 섬의 왕들이 공세를 바치며 스바와 시바왕들이 예물을 드리리로다"- 시편 72편 10절
"예루살렘에 이르니 수원이 심히 많고 향품과 심히 많은 금과 보석을 약대에 실었더라 저가 솔로몬에게 나아와 자기 마음에 있는 것을 다 말하매"- 열왕기상 10장 2절

동방 박사들이 드렸던 예물은 다음과 같은 의미가 있다.

(1) 황금
● 그리스도의 인성을 의미한다.
● 그리스도의 왕권을 상징한다.

- 그리스도의 가족의 피난 생활에 보탬이 된다.

  "나의 하나님이 그리스도 예수 안에서 영광 가운데 그 풍성한 대로 너희 모든 쓸 것을 채우시리라"– 빌립보서 4장 19절

(2) 유향

- 그리스도의 신성을 의미한다.
- 그리스도의 기도를 상징한다.
- 그리스도의 닥쳐 올 고난에 기도가 필요하다.

(3) 몰약

- 그리스도의 죽음을 의미한다.
- 그리스도가 겪는 장애를 상징한다.

  "일찍 예수께 밤에 나아왔던 니고데모도 몰약과 침향 섞은 것을 백 근쯤 가지고 온지라"– 요한복음 19장 39절

넷째, 우리의 반응

우리는 어떻게 성탄을 보내야 하는가?

(1) 마리아와 같이 경배함으로 보내야 한다.

"마리아가 가로되 내 영혼이 주를 찬양하며"– 누가복음 1장 46절

(2) 천사와 같이 찬송함으로 보내야 한다.

"천사가 이르되 무서워 말라 보라 내가 온 백성에게 미칠 큰 기쁨의 좋은 소식을 너희에게 전하노라 오늘날 다윗의 동네에 너희를 위하여 구주가 나셨으니 곧 그리스도 주시니라"– 누가복음 2장 10,11절

(3) 동방 박사들과 같이 경배함으로 보내야 한다.

"집에 들어가 아기와 그 모친 마리아의 함께 있는 것을 보고 엎드려 아기께 경배하고 보배합을 열어 황금과 유향과 몰약을 예물로 드리니라"– 마태복음 2장 11절

(4) 가브리엘과 같이 증거함으로 보내야 한다.

"그에게 들어가 가로되 은혜를 받은 자여 평안할찌어다 주께서 너와 함께하시도다 하니"– 누가복음 1장 28절

(5) 목자와 같이 찾음으로 보내야 한다.

"빨리 가서 마리아와 요셉과 구유에 누인 아기를 찾아서"– 누가복음 2장 16절

(6) 받기보다 주는 삶을 살아야 한다.

"범사에 너희에게 모본을 보였노니 곧 이같이 수고하여 약한 사람들을 돕고 또 주 예수의 친히 말씀하신바 주는 것이 받는 것보다 복이 있다 하심을 기억하여야 할찌니

라"- 사도행전 20장 35절

『크리스마스(Christmas)』는 '그리스도'라는 단어와 '예배드린다'라는 단어의 합성어이다. 즉, 인류의 구주로 이 땅에 오신 예수 그리스도께 찬양과 경배로 예배를 드리는 날이 되어야 할 것이다. 그런데 이 뜻깊은 크리스마스가 '엑스(미지수) 마스'로 불리워 지고 있는 모습들을 주위에서 목격할 수가 있다.

어떤 이들은 그리스도라는 자리에 술, 오락, 섹스 등을 대치시켜 놓고 목적도 방향도 없는 성탄의 즐거움을 누리고 있지는 않는가?

진정한 성탄 축하의 자세는 어떻게 해야 하는가?

첫째, 보이지 않는 하나님이 육신을 입고 이 땅에 구주로 오심을 기뻐하며 경배하는 날이 되어야 할 것이고(요 1:14)

둘째, 그분이 오신 목적은 자신을 낮추고 비우심으로 우리를 충만하고 완전케 하시기 위함인 것처럼 우리도 곧 그리스도의 마음을 품음으로(빌 2:5) 오직 겸손과 감사한 마음으로 불우한 이웃을 돕는 계절이 되어야 하겠으며

셋째, 그분이 오신 목적 중에 한 가지는 "아버지께서 나를 보내신 것같이 나도 너희를 보내노라"(요 20:21)라고 하신 것임을 기억하고 그리스도의 사랑을 입고 가난한 자, 마음이 상한 자, 포로 된 자, 눈먼 자, 고아, 과부 등 어려운 이웃을 찾아가서 이 사랑을 공급하는 계절이 되어야 할 것이다.

그러므로 이날은, 우리의 사랑을 구체화시켜서 행동으로 남을 돕고 사랑함으로 온 누리에 예수 그리스도의 기쁨이 충만케 되는 복된 날이 되게 해야겠다.

결론

성탄절을 맞는 사람들의 모습은 무척 다양하다.

어린아이는 어린아이대로, 교인은 교인대로, 세상 사람들은 그들 나름대로 성탄절을 맞는다. 메시아의 탄생 때도 그러하였다.

헤롯은 자기의 권력과 명예를 상실할까 봐 피해의식에 사로잡힌 성탄절을 보냈고, 그 당시 종교 지도자들은 전혀 무관심하게 성탄절을 보냈다. 하지만 우리는 동방 박사들처럼 정성껏 경배하는 성탄절을 보내야 한다.

3

절기에 대한
성경공부

구약의 일곱 절기

"기한에 미쳐 너희가 공포하여 성회로 삼을 여호와의 절기는 이 러하니라 정월 십사일 저녁은 여호와의 유월절이요 이 달 십오일은 여호와의 무교절이니 칠일 동안 너희는 무교병을 먹을 것이요 …너 희는 내가 너희에게 주는 땅에 들어가서 너희의 곡물을 거둘 때에 위선 너희의 곡물의 첫 이삭 한 단을 제사장에게로 가져갈 것이요 …안식일 이튿날 곧 너희가 요제로 단을 가져온 날부터 세어서 칠 안식일의 수효를 채우고 제 칠 안식일 이튿날까지 합 오십일을 계 수하여 새 소제를 여호와께 드리되 …이스라엘 자손에게 고하여 이 르라 칠월 곧 그 달 일일로 안식일을 삼을찌니 이는 나팔을 불어 기 념할 날이요 성회라 …칠월 십일은 속죄일이니 너희에게 성회라 너 희는 스스로 괴롭게 하며 여호와께 화제를 드리고 …칠월 십오일은 초막절이니 여호와를 위하여 칠일 동안 지킬 것이라 …모세가 여호 와의 절기를 이스라엘 자손에게 공포하였더라" – 레위기 23장 4–44절

하나님께서는 옛날 이스라엘 백성들에게 1년 동안 일곱 가지의 절기를 지키라고 말씀하셨다. 그것은 바로 유월절과 무교절, 초실절과 오순절, 나팔절과 속죄일, 그리고 장막절 이었다. 이스라엘 백성들은 어떤 일이 있어도 그 절기를 지 키려고 노력했고, 그 절기를 지키면서 하나님과의 끈이 더욱 굳건하게 유지되었다.

그렇다면 그들이 지켰던 절기의 의미는 무엇이며 하나님
께서 그와 같은 절기를 지키라고 명령하신 이유는 어디에 있
는지, 그리고 그 절기가 지닌 영적 교훈은 무엇인지 자세히
살펴보자.

1. 유월절

"기한에 미쳐 너희가 공포하여 성회로 삼을 여호와의 절기는 이러하니라 정월 십사일 저녁은 여호와의 유월절이요" – 레위기 23장 4,5절

유월절은 이스라엘 백성의 가장 큰 절기였다. 이스라엘의 모든 남자들이 하나님 앞에 모여야 하는 3대 절기 가운데 하나가 유월절이다. 그러므로 이스라엘 백성들은 유월절을 성일로 지켜 왔으며 유월절을 통해 해방과 구원의 기쁨을 음미하였다.

기원과 내용(출 12:1-14)

(1) 유월절은 이스라엘 백성들이 어디에 있을 때 시작되었는가?(1절)

● 유월절은 이스라엘 백성들이 애굽에 있을 때 시작되었다. 더 정확하게 말하면, 유월절은 이스라엘 백성들이 애굽의 종살이에서 해방되기 전날 시작되었다.

(2) 유월절의 명령과 더불어 하나님은 이스라엘 백성들에게 어떤 명령을 내리셨는가?(2절)

● 하나님은 유월절이 있는 그 달을 그 해의 첫 달로 삼으라고 말씀하셨다. 다시 말해, 이스라엘 백성들은 유월절과 더불어 새해를 시작하는 것이었다.

(3) 유월절의 구체적인 내용을 살펴보자.

① 어떤 기준으로 어린 양을 잡았는가?(3절)

② 유월절의 제물의 기준은 어떠하였는가?(5절)

③ 유월절의 제물은 며칟날 잡아서 며칠까지 간직하였는가?(3,6절)

④ 유대인의 달력에 의하면 유월절은 정확하게 언제 있는 절기인가?(2절)

⑤ 유월절은 구체적으로 어떻게 보내는 절기인가?(6–11절)

(4) 유월절은 이스라엘 백성에게 어떤 의미가 있었는가?(12,13절)

● 한마디로 유월절은 목숨이 걸린 절기였다.

하나님의 명령대로 그 절기를 지키면 살고 그렇지 않으면 이유 없이 죽는 것이 바로 유월절이었다.

(5) 유월절에 대해 하나님은 어떤 명령을 하셨는가?(14절)

유월절을 바롯한 다른 절기에 대해 에델샤임은 다음과 같이 말했다.

"이러한 의미가 유월절에 관하여 뿐만 아니라 모든 축제들에 관하여 처음부터 의도된 것이라는 사실은, 구약성경의 전체 계획으로부터 그리고 전형과 모형 사이의 정확한 상응 관계로부터 나타난다. 참으로 그것은 내재적인 필요의 법칙에 의해 구약성경에 남아 있는 것이다. 왜냐면 하나님께서 아브라함과 그의 후손들의 역사와 모든 나라들의 장래를 깊이 관련시키셨을 때, 그분은 역사를 예언적인 것이 되게 하셨다. 그리고 각 사건과 모든 의식은 하나의 싹과 같은 것이었다. 이 싹은 꽃으로 활짝 피고 열매를 맺게 되어 있으며, 그 나무 그늘 아래에서 모든 민족들이 모일 것이었다."

영적 교훈

유월절이 오늘 우리에게 주는 영적 교훈이 무엇인지 살펴보자.

(1) 사도 바울은 유월절의 양이 누구라고 말하였는가?

"너희는 누룩 없는 자인데 새 덩어리가 되기 위하여 묵은 누룩을 내어버리라 우리의 유월절 양 곧 그리스도께

서 희생이 되셨느니라"– 고린도전서 5장 7절

유월절의 핵심은 어린 양의 죽음과 관련되어 있다. 다시 말해 어린 양의 죽음과 피 흘림이 없이는 유월절이 아무 의미가 없는 것이다. 그런데 사도 바울은 예수 그리스도의 죽음이 유월절 어린 양의 죽음과 같다고 비유하였다.

(2) 우리가 영원한 사망으로부터 구원받을 수 있는 유일한 길은 무엇인가?

"다른 이로서는 구원을 얻을 수 없나니 천하 인간에 구원을 얻을만한 다른 이름을 우리에게 주신 일이 없음이니라 하였더라"– 사도행전 4장 12절

"예수께서 가라사대 내가 곧 길이요 진리요 생명이니 나로 말미암지 않고는 아버지께로 올 자가 없느니라"

– 요한복음 14장 6절

유월절 어린 양의 죽음을 통해 이스라엘 백성들이 구원을 받았듯이, 우리 주 예수 그리스도의 보혈을 통해 우리가 구원을 받을 수 있다.

적용

1. 유월절은 어린 양의 희생 없이 이루어질 수 없는 절기이다.

   마찬가지로 예수 그리스도의 죽음과 희생 없이 우리의 구원은 결코 이루어질 수 없다. 우리가 구원받을 수 있는 유일한 길은 바로 예수 그리스도 한 분뿐이라는 사실을 다시 한번 묵상하기 바란다(요 14:6 / 행 4:12 / 딤전 2:5).

2. 어린 양의 희생이 있어도, 그 피를 좌우 문설주와 인방에 바르지 않으면 결코 피의 효과를 볼 수 없었다. 마찬가지로 예수 그리스도의 십자가 보혈이 있어도, 주님을 개인적으로 영접하지 않으면 결코 구원받을 수 없다. 우리는 주님을 영접하였는가?(요 1:12 / 계 3:20)

3. 유월절은 해마다 지키며 기념해야 하는 절기였다.

   우리가 주님을 영접하여 구원받은 순간도 항상 기억하며 묵상해야 한다. 우리는 우리의 구원 기념일을 어떻게 보내고 있는가?

2. 무교절

"이 달 십오일은 여호와의 무교절이니 칠일 동안 너희는 무교병을 먹을 것이요 그 첫날에는 너희가 성회로 모이고 아무 노동도 하지 말찌며 너희는 칠일 동안 여호와께 화제를 드릴 것이요 제 칠일에도 성회로 모이고 아무 노동도 하지 말찌니라" – 레위기 23장 6–8절

무교절은 유월절 다음날부터 시작되어 7일간 지속되었다. 유월절의 어린 양은 14일 해질 때에 죽임을 당했고, 무교절은 15일이 되자마자 시작되었다. 어린 양은 저녁에 죽임을 당했고, 심판은 한밤중에 임했으며 하나님의 백성들은 아침에 애굽에서 나왔다.

기원과 내용(출 12:15-20)

(1) 무교절이 진행되는 7일 동안 이스라엘 백성들은 무엇을 먹으며 살아야 했는가?(15절)

이스라엘 백성들은 무교절이 진행되는 7일 동안 누룩 없는 무교병만 먹으며 살아야 했다.

(2) 무교절에서 하나님은 이스라엘 백성에게 무엇을 제하

라고 명령하셨는가?(15절)

하나님은 이스라엘 백성들에게 누룩을 제하라고 말씀하셨다. 여기에서의 누룩은 한마디로 죄를 상징한다. 다시 말해, 이스라엘 백성들은 무교절을 지킬 때 죄를 회개하고 죄를 짓지 않는 생각을 해야 했다.

(3) 무교절이 진행되는 7일 동안 무엇을 하였는가?(16절)

(4) 하나님께서는 무교절의 의미를 어디에 부각시키셨는가?(17절)

(5) 만약 무교절 때 누룩 있는 유교병을 먹으면 어떤 결과가 초래되었는가?(19,20절)

하나님의 절기를 하나님의 명령대로 지키지 않는 사람은 하나님과 전혀 관계없는 사람이다.

영적 교훈

무교절이 오늘을 사는 우리에게 어떤 교훈이 되는지 살펴보자.

(1) 사도 바울은 주님을 믿는 성도를 가리켜 어떤 사람들

이라고 말하였는가?(고전 5:7,8)

사도 바울은 우리가 누룩 없는 사람, 즉 죄가 없는 사람들이라고 표현하였다. 우리가 죄가 없는 이유는 우리가 죄를 짓지 않아서가 아니라 유월절 어린 양 예수 그리스도께서 우리를 대신해 보혈을 흘리셨기 때문이다.

(2) 우리의 죄를 대신해 십자가를 지신 예수님은 십자가에 달려 죽으신 후 사흘 동안 어디에 계셨는가?

예수님은 사흘 동안 땅속에 장사 지낸 바 되셨다. 이는 우리의 죄를 땅속에 영원히 묻기 위해서였다.

적용

1. 유월절에 구원받은 이스라엘 백성들은 그다음 무교절 때 누룩 없는 떡을 먹어야 했다. 다시 말해, 예수 그리스도의 보혈로 구원 받은 성도는 구원받은 후 죄가 없는 생활을 해야 한다. 구원 받은 이후 우리의 생활은 어떠한가?(마 5:13–16절 참조)

2. 우리의 죄를 영원히 묻기 위해 예수님은 사흘 동안 땅속에서 지내셨다. 이는 죄를 처리하는 일에 고통이 따른다는 사실을 의미한다. 우리는 죄를 짓지 않기 위해 어떤 고통을 감수하고 있는가?(요일 2:15–17절 참조)

3. 초실절

"이스라엘 자손에게 고하여 이르라 너희는 내가 너희에게 주는 땅에 들어가서 너희의 곡물을 거둘 때에 위선 너희의 곡물의 첫 이삭 한 단을 제사장에게로 가져갈 것이요 제사장은 너희를 위하여 그 단을 여호와 앞에 열납되도록 흔들되 안식일 이튿날에 흔들 것이며 너희가 그 단을 흔드는 날에 일년 되고 흠 없는 수양을 번제로 여호와께 드리고 그 소제로는 기름 섞은 고운 가루 에바 십분 이를 여호와께 드려 화제를 삼아 향기로운 냄새가 되게 하고 전제로는 포도주 힌 사분 일을 쓸 것이며 너희는 너희 하나님께 예물을 가져오는 그날까지 떡이든지 볶은 곡식이든지 생 이삭이든지 먹지 말찌니 이는 너희가 그 거하는 각처에서 대대로 지킬 영원한 규례니라"

– 레위기 23장 10–14절

유월절 주간은 세 가지 중요한 사건들로 이루어져 있다.
첫째, 유월절 양은 1월 14일에 죽임을 당한다.
둘째, 무교절 잔치는 1월 15일에 시작된다.
셋째, 첫 열매를 드리는 초실절은 1월 16일에 행해진다.
그런데 첫 열매의 잔치는 단순한 추수 축제가 아니었다. 그것은 이스라엘에 대한 하나님의 은혜와 섭리에 대한 인정이었다. 성회 기간 동안 첫 열매를 드리는 것은 매력적이고도 교훈적이다.

『에델샤임은 초실절의 내용과 의미를 다음과 같이 설명하였다. "이미 1월 14일에는 첫 번째 곡식단이 익은 곳이 산헤드린(공회)의 대표자들에 의해 표시가 되어 있었다. 다발로 묶인 채 서 있는 곡식단은 곧 잘릴 것이었다. 명백한 이유들 때문에 기드론을 가로질러 숨어 있는 애쉬스 골짜기(Ashes Valley)를 이러한 목적으로 선택하는 것이 관례였지만, 그 점에 대해 제한하지는 않았다. 물론 보리가 정원이나 과수원에서 자란 것이 아니고 들판에서 자랐다면, 그 토양은 비료를 주지 않았을 것이며 인위적으로 물을 주지도 않았을 것이다.』

곡식단을 자를 때가 다가왔을 때, 즉 1월 15일 저녁(비록 그날이 안식일이었지만) 태양이 질 무렵, 세 명의 남자가 각기 낫과 바구니를 들고 공식적으로 일하기 시작했다. 그러나 그 의식 속에서 특색 있는 모든 것을 분명하게 하기 위하여, 그들은 먼저 구경하는 사람들에게 다음의 질문을 각각 해 나갔다. "태양이 졌습니까?", "이 낫으로 일합니까?", "이 바구니에 넣습니까?" 그리고 마지막으로 "제가 곡식을 벨까요?"라고 묻는다. 매번 질문마다 긍정적인 대답을 받았기 때문에 그들은 한 에바(one ephah) 또는 열 오멜(ten omers), 또는 세 세아(three seahs)만큼의 보리를 잘랐다.

이삭들은 성전 안뜰로 가져가게 되며, 알맹이가 상하지 않도록 지팡이나 나무줄기로 두드린다. 그다음에 그것을 구멍이 뚫린 팬에다 볶는데, 이는 알맹이 하나하나에 불길이 닿을 수 있게 하려 함이다. 그리고 마지막으로 바람을 쏘이게 하며, 이렇게 준비된 곡식은 껍질이 전부 벗겨지고 방앗간에서 빻아지게 된다.

어떤 이들의 말에 의하면, 곡식 가루가 아주 가는 열세 개의 채를 통해 끊임없이 나오고 있다고 한다. 그렇지만 권위 있는 진술에 따르면, 그것은 아주 곱게 갈아질 때까지 계속되었으며 검사원의 검사에 합격할 때까지 계속되었다.

곡식 한 에바 또는 열 오멜을 갈았지만, 유월절 둘째 날 또는 1월 16일에 성전에 바쳐지는 것은 한 오멜의 밀가루뿐이다.”

첫 열매를 바침으로 이스라엘 백성들은 그들의 첫 열매뿐만 아니라 추수한 곡식 전체가 주님께 속해 있다는 사실을 선포했다.

영적 교훈은 무엇인가?

이스라엘 백성들이 지켰던 초실절은 오늘 우리에게 어떤 영적 교훈을 주는가?

(1) 고린도전서 15장 23절에서 사도 바울은 예수 그리스도를 어떻게 묘사하였는가?

바울은 예수님을 부활의 첫 열매로 묘사하였다.

주님은 최초로 죽음을 이기신 분이시며, 영원한 생명의 첫 열매이시다. 초실절은 바로 주님의 부활을 상징하는 절기이다.

(2) 요한복음 11장 25,26절에서 주님은 스스로를 어떻게 표현하셨는가?

(3) 부활이요 생명이신 주님을 믿는 성도는 장차 어떻게 되는가?

"그러나 각각 자기 차례대로 되리니 먼저는 첫 열매인 그리스도요 다음에는 그리스도 강림하실 때에 그에게 붙은 자요" – 고린도전서 15장 23절

부활의 주님을 믿는 성도는 틀림없이 부활할 것을 우리는 믿는다. 그러므로 우리는 항상 영원을 생각하며 살아야 한다.

적용

1. 이스라엘 백성들은 그들의 첫 열매를 항상 주님께 드렸다.

   우리는 우리의 첫 열매를 주님께 드리고 있는가? 잠언 3장 9,10절

   찾아보자. 첫 열매를 드리는 자에게 주께서 무엇을 약속하셨는가?

2. 부활을 소망하며 사는 사람은 땅의 지체를 죽이며 위엣 것을 생각

   해야 한다. 골로새서 3장 1-10절을 읽고 우리가 버려야 할 요소를

   구체적으로 찾아보자.

4. 오순절

"안식일 이튿날 곧 너희가 요제로 단을 가져온 날부터 세어서 칠 안식일의 수효를 채우고 제 칠 안식일 이튿날까지 합 오십일을 계수하여 새 소제를 여호와께 드리되 너희 처소에서 에바 십분 이로 만든 떡 두개를 가져다가 흔들찌니 이는 고운 가루에 누룩을 넣어서 구운 것이요 이는 첫 요제로 여호와께 드리는 것이며 너희는 또 이 떡과 함께 일년 되고 흠 없는 어린 양 일곱과 젊은 수소 하나와 수양 둘을 드리되 이들을 그 소제와 그 전제와 함께 여호와께 드려서 번제를 삼을찌니 이는 화제라 여호와께 향기로운 냄새며 또 수염소 하나로 속죄제를 드리며 일년 된 어린 수양 둘을 화목제 희생으로 드릴 것이요 제사장은 그 첫이삭의 떡과 함께 그 두 어린 양을 여호와 앞에 흔들어 요제를 삼을 것이요 이것들은 여호와께 드리는 성물인즉 제사장에게 돌릴 것이며 이 날에 너희는 너희 중에 성회를 공포하고 아무 노동도 하지 말찌니 이는 너희가 그 거하는 각처에서 대대로 지킬 영원한 규례니라" – 레위기 23장 15–21절

흔든 단을 거두어 여호와께 드린 후 50일 만에 구속받은 백성들은 여호와께서 자기 이름을 두시려고 택하신 곳에 다시 모였는데 이것은 칠칠절 또는 오순절을 경축하기 위함이었다.

(1) 칠칠절 또는 오순절은 언제부터 시작하여 50일이 되는 날이었는가?(레 23:15)

(2) 오순절은 무엇을 하나님께 드리는 날이었는가?(레 23:16)

(3) 오순절 때 이스라엘 백성들이 행했던 일들을 자세히 살펴보자(17- 20절).

절기에 대한 구체적인 내용은 모두 하나님께서 말씀해 주신 것들이다. 이와 같이 신앙생활은 하나님에게서 출발하여 하나님의 원리에 따라 유지된다.

(4) 모든 절기에서 하나님은 항상 무엇을 명령하셨는가?(21절)

"곡식을 추수하기 시작하는 것은 제물을 드리는 것에 의해 표시된다. 즉, 성소에서 새롭게 베어낸 곡식 첫 단을 드리는 것으로 시작된다. 추수기 말에, 추수를 시작한 지 50일이 지난 새 밀가루로 두 덩어리의 빵을 만들어 희생 제물로 바친다. 이 빵은 밀 추수의 첫 열매라고 불리며, 이를 위한 축제 역시 욤하—비쿠림(Yorm ha-Bikkurim), 곧 새 곡식의 첫 번째 음식을 주께 드리는 날로 불린다."

영적 교훈은 무엇인가?

구약 시대의 오순절이 우리에게 주는 영적 교훈은 무엇인가? 어쩌면 우리는 구약 시대의 오순절보다 신약 시대에 있었던 오순절에 훨씬 친근할 것이다.

"오순절 날이 이미 이르매 저희가 다 같이 한곳에 모였더니 홀연히 하늘로부터 급하고 강한 바람 같은 소리가 있어 저희 앉은 온 집에 가득하며 불의 혀같이 갈라지는 것이 저희에게 보여 각 사람 위에 임하여 있더니" - 사도행전 2장 1-3절

(1) 주께서 승천하신 이후 처음 맞는 오순절에 모든 성도에게 무엇이 임하였는가?(행 2:4)

(2) 성령이 임한 증거로 그 당시 초대 교인들에게 어떤 현상이 나타났는가?(행 2:4)

(3) 그들은 방언을 통해 궁극적으로 무엇을 전파하였는가?(행 2:5-13)

(4) 오순절에 일어난 사건을 베드로는 어떻게 해석하였는가?(행 2:14-36)

(5) 베드로의 증거를 받은 이스라엘 백성들이 그날 어떻게 반응하였는가?(행 2:37-41)

구약의 오순절은 신약의 오순절을 예표하며 성령의 강림 사건을 묘사하고 있다. 성령의 강림을 통해 유대인과 이방인이 하나가 되는 계기가 되었다.

이스라엘 백성들은 오순절날에 떡 두개를 구웠는데, 이 사실을 가지고 어느 성경학자는 이렇게 말했다.

"오순절 날에 두 개의 떡이 구운 바 되어 하나님께 첫 요제로 드려진 사실은, 오순절 이후에 이방인과 유대인이 성령으로 하나가 되어 하나님의 새로운 교회가 시작될 것을 상징한다."

적용

1. 성령의 교훈과 감동이 없이는 결코 복음을 깨달을 수도 없고 구원을 받을 수도 없다. 그러므로 우리는 복음을 전할 때 항상 성령의 역사가 있기를 기도해야 한다(요 3:1-6 참조).

2. 구원받고 부활의 소망을 가진 성도는 항상 성령의 힘으로 살아야

한다. 우리는 늘 성령 충만하기 위해 노력하고 있는가?(엡 5:18 참조)

3. 성령 충만은 성령의 열매와 복음의 열매를 맺는다(갈 5:22,23 / 요 16:14). 그러므로 성령의 열매를 단순한 능력으로만 생각하지 말기 바란다.

5. 나팔절

"여호와께서 모세에게 일러 가라사대 이스라엘 자손에게 고하여 이르라 칠월 곧 그 달 일일로 안식일을 삼을찌니 이는 나팔을 불어 기념할 날이요 성회라 아무 노동도 하지 말고 여호와께 화제를 드릴찌니라" – 레위기 23장 23–25절

모든 절기 가운데서 가장 경이롭고 신나는 절기가 나팔절이다. 나팔절이 되면 갑자기 팔레스타인 온 땅에 나팔 소리가 진동한다. 그리고 이 나팔 소리와 함께 이스라엘 백성들은 도처에서 예루살렘 성전을 향해서 모여들기 시작한다. 이 나팔절은 이스라엘 백성들에게 말할 수 없는 희열과 즐거움을 주는 절기이다. 그것은 모든 하나님의 백성들을 만나는 즐거움이요, 성전에서 여호와 하나님을 경외하고 그 하나님의 임재를 즐기는 영광스러운 절기이다.

영적 교훈은 무엇인가?

구약 시대의 나팔절이 오늘날 우리에게 주는 영적 교훈은 무엇일까?

(1) 사도 바울은 주께서 재림하실 때 어떤 방법을 통해 재림하신다고 증거하였는가?(살전 4:16)

나팔 소리의 가장 큰 의미는 소집에 있다. 즉, 나팔 소리가 나면 모든 사람은 모여야 했다. 마찬가지로 주께서 나팔 소리와 함께 다시 오실 때, 우리 모든 성도는 주님 앞에 모여야 한다.

(2) 주께서 나팔 소리와 함께 다시 오시면 이 세상에는 어떤 일이 일어나는가?(살전 4:17)

주께서 다시 오시면 죽었던 모든 성도가 깨어 살아 있는 모습으로 주님을 대하게 된다. 그리하여 영원토록 주님과 함께 있게 된다.

그때 우리는 눈과 눈으로 마주보게 되리라.
우리 얼굴은 그분처럼 빛나리라.
성도들과 천사들이 만날 때,
오, 그것은 얼마나 영광스러운
무리가 될 것인가!

(3) 마태는 주님의 재림을 어떻게 묘사하였는가?(마 24:30,31)

나팔을 부는 것이 이스라엘 백성들에게 다음 열 가지 사실을 상기시켜 주었다고 한다.

① 창조주

② 하나님께로 돌아올 의무

③ 시내산에서의 계시

④ 예언자들의 권유

⑤ 성전의 파괴

⑥ 희생 제물로 바치기 위한 이삭의 결박

⑦ 임박한 위험

⑧ 심판의 날

⑨ 이스라엘의 구속(救贖)

⑩ 부활

적용

1. 주께서 나팔 소리와 함께 다시 오시는 것은 분명한 사실이다.
   그러므로 우리는 항상 주님을 맞을 준비를 하며 살아야 한다.

2. 주님의 재림이 임박한 사실이라면, 우리는 분명 복음을 전해야
   할 것이다. 우리의 가족과 친구들은 모두 구원을 받았는가?

6. 속죄일

"여호와께서 모세에게 일러 가라사대 칠월 십일은 속죄일이니 너희에게 성회라 너희는 스스로 괴롭게 하며 여호와께 화제를 드리고 이 날에는 아무 일도 하지 말것은 너희를 위하여 너희 하나님 여호와 앞에 속죄할 속죄일이 됨이니라 이 날에 스스로 괴롭게 하지 아니하는 자는 그 백성 중에서 끊쳐질 것이라 이 날에 누구든지 아무 일이나 하는 자는 내가 백성 중에서 멸절시키리니 너희는 아무 일이든지 하지 말라 이는 너희가 그 거하는 각처에서 대대로 지킬 영원한 규례니라 이는 너희의 쉴 안식일이라 너희는 스스로 괴롭게 하고 이 달 구일 저녁 곧 그 저녁부터 이튿날 저녁까지 안식을 지킬찌니라" – 레위기 23장 26-32절

속죄일은 이스라엘 백성이 해마다 죄를 씻는 날이었다. 속죄일에 대해서는 레위기 16장에 좀 더 자세하게 기록되어 있다. 여기에서는 다른 절기들과 마찬가지로 속죄일이 하나님의 관점에서, 즉 여호와의 절기로 나타나 있으며, 그리스도의 대속의 죽음으로부터 생겨난 기쁨을 표현한다.

(1) 속죄일은 정확하게 몇 월 며칠이었는가?(26절)

(2) 속죄일에 하나님께서는 이스라엘 백성들에게 어떻게

하라고 말씀하셨는가?(27절)

(3) 속죄일은 한마디로 무엇을 하는 날이었는가?(28절)

(4) 속죄일을 지키지 않은 백성에게 하나님은 어떤 경고를 하였는가?(29–32절)

속죄의 날 7일 전, 대제사장은 예루살렘에 있는 자신의 집을 떠났다. 그리고 성전에 있는 그의 방에 숙소를 정하였다. 그가 죽거나 그의 의무를 잘 감당하지 못할 때를 위해 대리인이 지정되었다.

대제사장이 자신도 알지 못하는 사이에 시체를 만짐으로써 부정하게 되었다면, 그 주간의 셋째 날과 일곱 째 날에 사람들에게서 자신을 분리시켜 붉은 암송아지의 피를 그에게 두 번 뿌리기 위하여 멀리 나아갔다.

그는 그 주간 전체를, 피를 뿌리고 향을 태우고 불을 켜고 매일 희생 제물을 드리는 것과 같은 여러 가지 제사장의 직무를 수행하는 데 보냈다. 왜냐면 이미 언급된 대로, 그날의 모든 예배의 순서는 대제사장에게 속하였기 때문이다. 그리고 그는 어떤 실수도 범하지 않아야 한다.

산헤드린(공회)의 장로들 중 어떤 사람들은 대제사장이 예배의 의미를 완전하게 알고 있는지를 보도록 지정되기도 했다. 대제사장이 완전히 이해하지 못하고 있을 때는 그들이 가르쳐 주었다. 속죄의 날 저녁에 대제사장 앞에는 여러 가지 희생 제물이 바쳐졌으므로 다음 날 예배에 관해 생소한 것은 아무것도 없었을 것이다. 마지막으로 산헤드린 장로들은 그 날의 의식에서 어떤 것도 바꾸지 않겠다는 준엄한 약속을 대제사장으로 하여금 하게 한다.

영적 교훈은 무엇인가?

속죄일이 주는 영적 교훈은 무엇인가?

(1) 주께서 다시 오시면 주님을 믿지 않던 사람들은 어떻게 된다고 하였는가?(계 1:7)

속죄일이 주는 영적 교훈은 예수 그리스도의 심판이다. 주께서 다시 오시면, 그것으로 끝나는 것이 아니라 주님의 심판이 시작된다.

(2) 주님은 무엇을 어떻게 심판한다고 말씀하셨는가?(계 14:17-20)

(3) 불신자만 심판을 받는 것이 아니라 신자도 심판을 받

는다. 그러므로 우리는 어떤 삶을 살아야 하는가?(고전
3:12-15)

우리가 행위로 구원을 받을 수는 없지만, 행위에 따라 상
을 받는다는 사실을 알아야 한다.

적용

1. 주께서 우리를 구원하신 목적은, 우리를 통해 하나님의 선한 일을
   하기 위해서이다(엡 2:8-10). 그러므로 우리는 항상 하나님의 선한
   일을 행하며 살아야 한다.

2. 속죄일에 이스라엘 백성들이 죄에 대해 스스로 괴롭게 했던 것처
   럼, 우리도 항상 죄에 대해 스스로 살피는 삶을 살아야 한다.

7. 초막절

"여호와께서 모세에게 일러 가라사대 이스라엘 자손에게 고하여 이르라 칠월 십오일은 초막절이니 여호와를 위하여 칠일 동안 지킬 것이라 첫날에는 성회가 있을찌니 너희는 아무 노동도 하지 말찌 며" – 레위기 23장 33–35절

이스라엘의 절기 가운데 가장 기쁜 절기는 초막절이다.

초막절은 추수 말기에 열렸기 때문에 백성들의 마음은 자연히 기쁨에 넘쳐 있었다. 곡식이 익으므로 그들의 창고가 가득 차듯이, 그들의 마음도 기쁨과 감사로 넘치고 있었다.

(1) 초막절에 이스라엘 백성들은 어디에 거하였는가?(레 23:42)

(2) 하나님께서는 이스라엘 백성들에게 초막절을 통하여 무엇을 교훈하기 원하셨는가?(레 23:43)

(3) 하나님께서 이스라엘 백성들이 초막절에 어떻게 지내기를 원하셨는가?(레 23:39,40)

초막절은 한마디로 안식하는 날이었다. 그날 이스라엘 백성들은 안식하며 마음껏 기뻐하고 즐거워하는 시간을 보냈

다. 즉, 초막절은 환희의 날이었던 것이다.

> 그분과 나는 저 찬란한 영광 중에
> 한 큰 기쁨을 나누리라.
> 거기에서도 나는 그분의 소유로서
> 그분과 함께 영원히 있으리라.

(4) 초막절을 지키는 이스라엘 백성들의 모습이 어떻게 묘사되어 있는가?(슥 14:16,17)

영적 교훈은 무엇인가?

유월절은 예수 그리스도의 보혈과 십자가의 죽음을, 무교절은 예수 그리스도의 장사 지냄을, 초실절은 예수 그리스도의 부활을, 오순절은 성령의 강림을, 나팔절은 예수 그리스도의 재림을, 속죄일은 예수 그리스도의 심판과 보상을 의미하였다.

그렇다면 초막절이 주는 영적 교훈은 무엇인가? 그것은 한마디로 천국 생활이다.

(1) 사도 요한은 장차 성도에게 주어질 천국 생활을 어떻게 증거하였는가?(계 21:1-4)

천국, 그곳은 그야말로 아무 근심이 없는 곳, 영원한 기쁨과 즐거움이 있는 곳이다.

(2) 그와 같은 천국에 가기 위해서는 어떻게 해야 하는가?(마 11:28 / 요 1:12)

예수 그리스도를 영접하면 우리가 상상할 수 없는 크고 영원한 복을 누리게 된다.

적용

1. 이 세상을 살다 보면 괴롭고 힘들 때가 많이 있다. 하지만 우리에게는 영원한 미래가 보장되어 있기 때문에 소망을 가지고 늘 인내하는 삶을 살아야 한다.

2. 천국은 오지만 언제 올지 모른다. 그러므로 우리는 항상 깨어 있는 생활을 해야 한다(계 16:15).

4

예화

▣ 신년에 대한 예화

또 다른 한 해가 동이 튼다.

시도되지 않은 미지의 길.

인내할 손이 나에게 없다면

그것은 나를 불길함으로 가득 채울 것이다.

그러나 내 옆에서 함께 걷는 그분은

지난해 동안 내내,

나에게 무슨 일이 일어나든지

함께 계실 것을 약속하셨다.

예수님과 함께 또 한 해를!

아, 그러면 나는 하나도 두렵지 않다.

그분의 사랑은 항상 값진 것이니,

비록 바람이 불어올지라도,

폭풍이 아무리 심해도,

그 안에서 나의 영혼은 휴식을 얻는다.

그리고 달콤한 평화와 평안을 찾는다.

사랑이 넘치는 그분의 가슴에서.

그분을 믿는 또 한 해를!

나는 아직도 그분을 믿을 수 있다.

결코 나를 좌절시키지 않는 분,

내가 그분의 뜻을 찾은 것처럼

그분이 주시는 지팡이와 막대기는 나의 힘과 버팀이 된다.

그리고 그분은 자상히 인도하신다.

고향으로의 길을 따라서.

그분을 섬기는 또 한 해를!

여기서 그분을 위해 일하며,

어둠이 짙어져서 밤이 다가올지라도,

나는 언제 그분이 나를 부르실지 알지 못한다.

내 낯을 곁에 두시려고,

오, 그러면 나는 충성하리라.

시간이 흐르는 동안!

그분을 사랑하는 또 한 해를!

나는 그토록 오래 그분을 사모했다.

그분을 기리는 또 한 해를!

즐겁고 승리하는 찬송으로,

장차 무엇이 닥치든지,

슬픔이든, 힘든 일이든, 고통이든

그분의 값진 사랑은 이겨내리.

영원히 똑같이.

예수님과 함께 또 한 해를!

저는 오늘 주님께 감사하나이다.

주님의 영원하신 임재를,

인생의 험한 길을 따라서.

나를 인도하소서.

오, 축복의 구세주여.

나에게 주님의 뜻을 행하도록 가르치소서.

그리고 주님의 온전한 소용을 위하여

매일 나를 가득 채우소서. (작자 미상)

그분은 나를 해마다 이끌지 않으시네.

또 날마다 이끌지도 않으시네.

그러나 한 걸음 한 걸음

나의 길이 나타날 때마다

주님은 나의 길을 인도하시네.

내일의 일을 나는 알지 못하네.

나는 단지 이 순간만을 알뿐,

그러나 그분은 말씀하시리

"내가 길이다. 믿음으로 내 안에 들어오라."

그리고 나는 그것이 그렇게도 기쁘네,

오늘은 견디기에 족하니.

그리고 내일이 오면

그분의 은총은 그 걱정을 멀리 떨쳐 주시리.

그런데 무엇을 걱정하고 초조해할 필요가 있는가?
자신의 아들을 주신 하나님은
자신의 손안에 내 모든 순간을 붙잡아 주시고,
내게 필요한 것들을 하나씩 하나씩 주시네. (작자 미상)

또 한 해를 나는 들어선다.
그것의 역사는 알 수 없다.
오, 나의 발은 얼마나 떨었는가.
그 길을 홀로 밟다니!
그러나 나는 속삭임을 들었다.
나는 내가 은총 입을 것을 안다.
"나는 너와 함께하리라
그리고 네게 평안을 주리라."

새해가 나에게 무엇을 가져올 것인가?
나는 알지도 못하고,
알아서도 안 된다.
그것은 사랑일까? 황혼일까?
아니면 고독일까? 고통일까?
쉿! 쉿! 나는 그분의 음성을 듣는다.
나는 확실히 복받을 것이다.

"나는 너와 함께하리라

그리고 네게 평안을 주리라." (작자 미상)

▣ 부활에 대한 예화

한때 영국의 무신론자였던 리틀스톤 경과 길버트 웨스트는, 자기들이 무신론을 주장하는 데 두 가지 장애물을 발견했다. 그중에 하나는 예수님의 부활의 사실이요, 다른 하나는 사도 바울의 변화이다. 그들은 이 사실을 반증하기 위해서 연구하기 시작했다.

얼마 동안 연구한 뒤에 그 두 사람이 다시 만나서 말하기를 "우리는 더 이상 반대자로 머물러 있을 수가 없다. 우리는 이 연구를 통해서 예수의 부활이 사실이라는 것을 발견했을 뿐 아니라 우리가 죄인임을 발견하게 되고 예수 그리스도를 우리의 구주로 영접하게 되었다"라고 고백하였다.

대영 백과사전은 예수님 부활 사건을 이렇게 기록하고 있다.

"우리는 예수님 부활 직후 혼비백산하여 흩어졌던 예수 그리스도의 추종자들 남녀 약 120명이 예수님에 대해 가진 공동의 확신과 공동의 기대와 공동의 태도를 통해, 그들이 하나의 종교적 집단에 결속되어 있다는 느낌으로 예루살렘에 모여 있었다는 증거를 가지고 있다.

그들은 예수님이 살아서 개인적으로 몇 명의 제자들 앞에 나타났다는 사실을 충분히 들었다. 그들은 간절하게 하나님의 아들이신 메시아가 무한한 능력으로 속히 오실 것을 기대하는 신앙의 태도를 지켰다.

그들의 강한 확신과 진실함은 박해를 통해 시험을 받았으나 확고부동함으로 그것을 입증하였다.

예수님에 대한 그들의 태도에서의 종교적 특징은, 헌신과 자기희생과 예수님에 대해 자기들의 이기심의 마지막 장벽까지 웃어넘겨 버린 강한 의무감으로 증명되었다. 그들은 바로 예수님의 메시지를 가졌고 열심히 그것을 전파했으며 놀라운 성공을 거두고 있다. 그리스도는 그리고 그의 부활은 역사적 사실이 되었다."

미국의 백화점 왕 존 워너메이커는 필라델피아에 있는 그의 교회 주일학교에 참석한 한 동양인이 하는 말을 들었다. 그는 말하기를 "공자나 예수 그리스도나 다 같은 인류의 도덕적 선생이요 귀감에 불과하다. 그러므로 나는 다만 공자의 도를 따르는 유교를 믿을 뿐이다"라고 말했다. 이에 워너메이커는 정색을 하며 동양에서 온 그를 향하여 "공자는 죽었으나, 예수님은 무덤에서 다시 사신 것이 다른 점이다"라고 말하면서 그의 부활 신앙을 고백하였다.

『**로**마사』의 저자 토마스 아널드는 옥스퍼드 대학교의 현대사학과 주임 교수로 임명되었을 때 부활의 역사적 확실성에 대한 그의 신앙을 다음과 같이 간증하였다.

"예수 그리스도의 죽음과 부활에 대하여 만족할 만한 증거를 내보일 수 있다. 일반적으로, 부정적인 논증 가운데서 긍정적인 논증으로 구별해 낸다는 것은 아주 유익한 일이다.

수많은 사람들이 마치 재판정에서 가장 중대한 사건을 처리하듯이 매우 신중하고 철저하게 부활을 조사하여 왔다. 나도 다른 사람을 설득하기 위해서가 아니라 나 스스로 만족스러운 답을 얻기 위하여 여러 번 조사를 시도하였다. 나는 여러 해 동안 다른 시대의 역사에 대하여 저자와 기록들을 고찰해 보았다. 그러나 하나님께서 우리에게 주신 가장 위대한 기적, 즉 예수 그리스도께서 죽으셨고 죽은 자 가운데서 다시 살아나신 사건보다 더 완전히 증명될 수 있는 사실이 인류 역사에는 없다는 것을 알았다."

인키만 전투에서 총에 맞은 한 병사가 겨우 기어서 그의 부대까지 돌아오게 되었다. 다른 부대원이 그를 발견했을 때, 그는 피로 물든 성경을 꼭 붙든 채로 얼굴을 땅에 박고 쓰러져 있었다. 그런데 성경을 붙들지 않은 손은 부활에 대한 확실한 약속이 있는 요한복음의 구절을 정확히 찾아서 더듬어 내려가고 있는 상태였다. 그 병사의 시체는 군인 묘지에 장사 되었고 그의 비석에는 이렇게 새겨 주었다.

"나는 부활이요 생명이니 나를 믿는 자는 죽어도 살겠고 무릇 살아서 나를 믿는 자는 영원히 죽지 아니하리라"(요한복음 11장 25,26절)

오래전에 어떤 회교도가 그리스도인을 만나서 자랑하기를 "우리는 너희 기독교가 가지지 못한 것을 가지고 있다"라고 말했다. 그것은 "회교도가 아라비아 메카에 가면 마호메트의 분묘를 볼 수 있지만, 예루살렘에는 예수 그리스도의 무덤이 비어 있지않느냐"라는 말이었다.

이 말을 들은 그리스도인이 말하기를 "기독교와 회교가 다른 것이 바로 그것이다. 마호메트는 죽어 썩어졌으나 예수 그리스도는 다시 살아 승천한 것이다"라고 말했다.

몽골에서 선교하던 한 선교사가 자기 생명같이 사랑하던 외동딸을 잃고 그를 무덤에 장사 지낸 후, 하늘이 무너지는 듯한 슬픔을 안고 집으로 돌아왔다.

그는 지쳐 잠이 들었는데, 놀라운 꿈을 꾸고 슬픔이 일시에 사라지는 것을 느꼈다.

꿈속에서 선교사가 딸의 무덤 앞에 서 있는데, 갑자기 하늘이 황금빛으로 물들며 빛나는 광채 속에 예수님이 나타나셨다.

첫 번째 긴 나팔 소리가 들리니 모든 성도들의 무덤이 뒤흔들려서 열리고, 두 번째 나팔 소리가 들리니 죽은 자들이 다 살아나 묘 앞에 서고, 세 번째 나팔 소리가 들리니 순식간에 성도들이 하늘로 올라가는데 사랑하는 외동딸도 그들 틈에 있음을 생시처럼 뚜렷이 볼 수 있었다.

그 영광스러운 광경을 목격한 선교사는 가슴이 찢어지는 듯한 슬픔이 일시에 사라지고 기쁨이 충만해져서 아무런 괴로움도 없이 계속하여 복음을 전파하게 되었다.

월터 랠라이 경이 탑 속에서 참수형을 당한 후, 사람들은 그의 성경책에서 그가 죽기 전날 밤에 쓴 다음과 같은 글을 발견했다.

"시간이라는 것이 진실로 우리의 젊음과 즐거움과 우리가 가진 모든 것을 가져가고 어두움과 적막한 무덤 속에 있는 우리에게 먼지만 가져다준다 하여도 우리가 이제 모든 이야기를 끝맺어야 할 때 나는 하나님께서 이 지구상의 무덤과 먼지로부터 나를 일으켜 세워 주실 것을 믿는다."

이 세상에서 가진 모든 것을 잃었지만 그는 하나님에 대한 신앙을 가지고 있었기에 무덤 저쪽의 희망과 삶을 간직할 수 있었다.

무디 선생이 젊었을 때 일이다.

그는 갑자기 장례식 설교를 해달라는 전화를 받고 그리스도의 장례식 설교 중 하나를 찾기 위해 복음서를 모두 뒤졌지만 허사였다. 그러나 그리스도가 참석했던 곳에서는 장례식이 모두 취소 됐으며 죽음이 존재하지 않았음을 알았다. 죽은 자가 그리스도의 목소리를 들었을 때 그들은 모두 다시 살아났던 것이다. 예수님께서 말씀하셨다.

"나는 부활이요 생명이다"(요 11:25)

약 100년 전에 살았던 하노버 왕조의 한 백작 부인은 유명한 무신론자였다. 그녀는 특히 부활의 교리에 대해 반대했으며 모든 무신론자들이 그러하듯이 오히려 그녀의 반대 논리가 부활의 교리를 대신할 수 있으리라 여겼다.

그녀는 30세에 죽었는데 죽기 전에 자신의 무덤이 반드시 화강암 평석으로 덮어씌워지도록 지시했다. 그 무덤 주위는 돌로 만든 4각 벽돌로 반듯이 놓여야 하며, 그 각각의 모퉁이는 서로 잘 물려서 무거운 꺾쇠로 화강암 평석에 조여져야 한다고 했다.

덮개 위에는 "영원한 곳으로 가기 위해 만들어진 묘는 결코 열리지 않으리라"라는 내용의 비문이 새겨져 있었다. 그 무덤 안에서 일어날 수 있는 어떠한 변화도 막을 수 있도록 하기 위해 인간이 할 수 있는 모든 조치가 이루어졌다. 그러나 한 작은 자작나무 씨가 날아와 싹이 텄고 뿌리는 돌의 옆면과 위쪽 돌판 사이에 자리를 잡고 커갔다. 천천히 그러나 꾸준히, 그 꺾쇠가 산산조각날 때까지 뿌리는 뻗어 나갔고 마침내 화강암 뚜껑은 들려져 크고 무성한 자작나무의 줄기 위에 놓이게 되었다.

브라운이란 이름의 사나이는 필라델피아에서 교수형을 당했다. 그가 법적으로 사망한 지 10분 후, 그의 몸은 생리적 연구를 위해 실험대 위에 놓였다. 실험대 주위에는 유명한 세 명의 생리학자가 있었다.

"죽은 몸에서 생명이나 움직임이 다시 나타날 수 있을까?"

그들은 그 질문에 대한 답을 기다렸다.

곧, 전기가 흐르는 날카로운 전선이 몸과 두뇌의 여러 신경 조직에 닿았다. 아마도 시체가 이러한 것들이 행해지는 것을 안다면 놀랐을 것이다.

잠시 후 브라운의 오른손이 들렸고 다음에는 왼손이 들렸다. 곧이어 그의 머리가 움직였고, 그의 입은 경련을 일으키며 웃었다. 교수대에서 마저 끝내지 못한 처형을 마무리 지으려는 듯, 그의 목 부분이 팽창되었고 입이 벌어졌다.

생리학자들은 전기로 신경 조직의 뒤쪽 중추 부분을 계속해서 자극했다. 계속 자극을 주다 새로운 한 번의 자극을 주자 브라운의 몸이 반듯이 일어나 앉았다. 호흡 기관이 심하게 움직였기 때문에 그는 마치 숨을 쉬고 있는 것처럼 보였다.

생리학자들은 긴장했다.

그가 걸을 수 있을까?

그가 말할 수 있을까?

마침내 과학이 갈망했던 생의 비밀이 밝혀질까?

그러나 실험대 위에 놓여 있던 브라운의 몸뚱이는 축 늘어졌다. 그리고 브라운은 완전히 죽었다. 이처럼 과학은 불가사의한 일들을 보여주었지만 결국 죽은 자를 살리지는 못했다.

아더 브리스밴은 많은 유충들이 스스로 벗어 놓은 허물들을 그들의 마지막 휴식처로 옮기면서 슬퍼하는 그림을 그린 적이 있다. 검은색 껍질을 두른 유충들은 울고 있었으며, 그 위를 지상의 번데기에서 영원히 벗어난 아름다운 나비들이 행복하게 훨훨 날아다니고 있었다. 이것은 브리스밴이 정통적이고도 진부한 우리의 장례식 광경을 마음에 두고 그린 것이다.

우리가 아름다운 것들을 모두 잃게 되었을 때, 마치 아름다운 나비가 되어 날아가는 것을 잊고 지나간 번데기 시절만 기억하는 것처럼 남아있는 것에만 집착하는 것은 실로 어리석은 생각임을 표현하려 했던 것이다.

암으로 죽어가는 한 은퇴한 심리학자가 미래에 의학이 발달해 치료가 가능해지면 살아날 수 있도록 그의 몸을 냉동으로 보존하기 위해 액화질소와 강철 캡슐을 마련하는데 사용되는 비용 4,200불을 남겼다. 캘리포니아 냉동 보존협회가 협조를 해 주어 그의 몸은 피닉스로 공수되었고 그곳의 액화질소 저장소에 보관되었다.

그는 암 치료법이 발견되면 냉동된 몸을 녹인 후 암을 치료해 건강한 삶을 되찾을 수 있을 것이라는 강한 희망을 가졌다.

그러나 박테리아 같은 몇몇 하등한 생명체들은 얼었다 녹아도 생존할 수 있지만 고등동물은 불가능하며 특히 인간은 더욱 불가능하다는 것이 분명한 사실이다. 인간의 신체 중 중요한 기관 하나만이라도 그렇게 보존할 수는 없다. 살아 있는 기관을 재생시키는 것마저도 아직 미래의 일이기 때문에, 12개의 기관과 세포 형태들을 갖는 몸 전체에 그 기능을 재생시키는 것은 아직 불가능한 일이다.

수천 년 전, 죽은 사람이 아름다운 빛을 내며 다시 살아날 것이라고 믿었던 이집트인은 그들의 왕과 성직자들을 미이라로 만들었다.

그런데 그러한 기대들이 조만간 혹은 멀지 않은 미래에 부분적으로나마 이루어질 것이라고 말하는 사람이 있다. 그 사람은 미국 캘리포니아 주립대학의 동물학자 엘로프 칼슨 박사이다.

그는 "이것이 새로운 재구성 방법에 의해 이루어질 수 있다"라며 "유전학자들이 말라 버린 미이라의 세포 조직을 난세포에 이식함으로써 유전 정보나 유전자의 형태를 똑같이 만들어 낼 수 있다"라고 말했다. 그리고 그 난세포들은 미이라의 감정이나 기억을 빼고는 새로운 미이라의 육체를 만들어 갈 수 있을 것이라고 했다.

그러나 칼슨 박사는 이러한 작업들이 미이라의 경우에만 가능하다고 한다. 매장되었거나 화장 처리된 사람의 경우 이미 그 세포들이 파괴되었기 때문에 재구성이 불가능하다는 것이다. 그러나 이러한 일이 정말 가능할 것인가? 진정한 부활은 예수 그리스도의 재림 때만 가능하리라는 것을 우리는 확신한다.

▣ 감사에 대한 예화

한국의 예루살렘인 평양에 예수 천당 소리가 없으면 망한다고 예언한 최권능 목사님에 대한 일화다.

그가 만주에서 선교할 당시 들에서 아침을 맞았다.

어느 날 전도하러 나가야 하는데 너무 배가 고파서 정신을 차리지 못하고 앉아 있었다. 그때 어떤 사람이 말을 타고 가는데 마침 말이 더운 똥을 누고 지나갔다. 가까이 가서 들여다보니 그 말똥 속에서 물에 불린 듯한 콩이 보였다. 그는 손으로 주워다가 삼베 옷섶에 싸서 물에다 닦아 놓고 앉아서 기도하기를 "말똥 속에서 나온 콩을 주신 하나님의 은혜를 감사합니다"라고 흐느껴 울면서 찬송했다.

"주 예수 해변서 떡을 떼사 무리를 먹이어 주심같이
영생의 양식을 나에게도 풍족히 나누어 주옵소서."

어떤 의사가 저술한 책에서 이러한 이야기가 있다.

의사가 얼마 안있으면 죽을 것이라고 한 병자가, 예수 그리스도를 구주로 영접을 하고 성령의 충만을 받았다. 그리고 날마다 즐거워하고 기뻐하고 감사 생활을 계속하였다.

죽을 날만 기다리던 환자를 진찰하던 의사는 어느 날 병이 온데간데 없이 사라진 것을 발견하였다.

담당 의사는 병이 자연적으로 나았다고 했으나 그 환자가 성령 충만을 받고 기뻐하고 즐거워하면서 감사 생활을 하는 가운데 이런 기적이 일어났던 것이다.

문학가 오스카 와일드의 비유 가운데는 은혜를 잊은 사람들에 대한 비유가 있다.

예수님께서 예루살렘 거리에서 만취된 청년을 만나 "당신은 왜 술에 취하여 살고 있느냐?"라고 물었다.

그 청년은 "나는 과거에 절름발이었는데 예수님께서 고쳐 주셔서 건강해졌지만 아직도 삶의 의미를 몰라서 여전히 방황하고 있습니다"라고 대답했다.

예수님께서 또 가다가 탐욕과 욕정에 눈이 어두워 어느 여자를 따라가는 청년을 붙들고 "왜 이런 생활을 하느냐?"라고 물으니 그는 "옛날에는 소경이었는데 이제 눈먼 것은 고침받게 되었지만 아직도 어떻게 살아야 할지 몰라서 방황하고 있습니다"라고 대답했다.

또 지나다가 길가에 앉아 있는 어느 길거리 여인을 만나 "왜 이렇게 사느냐?"라고 물었다. 그 여인은 "내가 죄인이었을 때에 예수님께서 나의 죄를 다 용서하셨는데 그 후 다시 타락하고 말았습니다"라고 대답했다.

이와 같이 사람은 하나님의 은혜를 잊어버리고 있다.

세계적인 극작가인 버나드 쇼는 "세상의 모든 책이 다 없어지고 꼭 하나만 가질 수 있다면 그것이 어떤 책입니까?"라는 기자의 질문에 "욥기"라고 대답했다. 그 이유에 대해서는 "욥이 그런 고욕과 질고를 당하면서도 하나님께 감사하는 것을 잊지 않은 데서 위대함을 발견했기 때문"이라고 말했다.

독일에서 있었던 이야기다.

어느 병원의 수술실에서 마취 주사기를 든 주치의가 조수 그리고 의학도들과 함께 둘러서서 환자에게 말했다.

"당신은 혀에 암이 생겨서 절단하게 됩니다. 앞으로는 말을 하지 못하게 되는데 이제 마지막으로 한마디 하고 싶은 말씀이 있습니까?"

이 말을 들은 환자는 처음에는 몹시 놀란 표정을 지었으나 차차 침착해졌다. 그리고 모두들 그의 한마디를 들으려 했다. 최후의 한마디가 무엇일지 침묵 속에서 기다리는 중 환자의 두 눈에서는 눈물이 흘렀다.

그리고 그 입술에서는 "주 예수여! 감사합니다"라는 고백이 흘러나왔다.

그의 마음은 분명히 아내나 자녀를 생각하게 했을 것이다. 그러나 그는 주님께 감사할 것을 선택했다. 이것은 그의 신앙의 가장 중요한 것이 무엇인지를 알게 해준다. 물질적인 희생, 정신적인 희생, 온갖 손실과 피해와 어려움과 염려까지도 자기의 소유 중 제일 가는 것으로 하나님께 바치는 감사가 되어야 한다.

몇 해 전 한 목사님이 대전에서 봉사를 하며 대전 나병환자들의 교회에서 설교를 했다. 400여 명이 모여서 예배를 드리는데 거기에는 코가 없는 사람, 눈이 찌그러진 사람, 손가락이 없는 사람 등이 있었다.

그런데 그들의 예배하는 모습이 참으로 진지하고 열성적이었다.

나병에 걸려 몸이 망가진 중에서도 감사하는 것이었다.

목사님은 그 자리에서 자신이 나병환자가 아닌 것이 그렇게 신기하고 감사하고 감격스러울 수가 없었다.

목사님은 맹인 교회도 수십 번 가보았다. 그중에서 나면서부터 소경인데 아내도 아들도 있는 사람이 있는데 그는 다음과 같이 말했다.

"나는 한 번도 눈으로 사물을 본 일이 없습니다. 단 한 번, 일 분이라도 좋습니다. 아내와 아들의 얼굴을 이 눈으로 보고 저 하늘과 태양과 푸른 산과 꽃을 볼 수 있다면 그대로 죽어도 한이 없겠습니다."

목사님은 그의 말을 들으며 눈물을 흘렸다. 그리고 볼 수 있다는 것, 두 눈으로 일 분간만이 아니라 언제나 볼 수 있다는 사실에 감격할 수밖에 없고 감사할 수밖에 없었다.

내 심장, 내 언어, 내 부모, 아내와 자녀, 조국, 태양, 생애와 시간들, 생각하면 생각할수록 감사할 수밖에 없다.

하이네는 미국 10대 재벌 가운데 한 사람이다.
이 사람은 한때 사업이 잘 되어서 돈을 많이 벌었지만 하나님께 대한 감사를 모르는 사람이었다.

그렇게 기고만장하여 높아만 가던 그에게 어려운 시련이 몰아쳐서 사업이 무너지기 시작했다. 결국 2년 후에 그의 사업은 완전히 망하고 말았다. 빚더미 위에 올라앉은 그는 곧 감옥에 들어가야 했다.

그런데 하이네는 아무도 모르게 얼마간의 돈을 갖고 있었다. 자기가 감옥에 들어가면 가족들이 잠시나마 생계를 유지할 수 있도록 하려고 숨겨 두었던 것이다. 감옥에 들어갈 날이 가까워오자 하이네는 하나님이 두려워지기 시작했다.

이때 그에게 기도할 마음이 불같이 생겨나서, 교회에 들어가 지난날 주님께서 복을 주셨을 때 감사하지 않은 것을 눈물로 회개했다. 그런 다음 숨겨 놓은 돈을 가족에게 주지 않고 하나님께 감사 헌금으로 바쳤다.

하이네가 사업에 실패한 사실을 온 세상이 알고 교회 성도들도 알고 있는데, 그가 큰돈을 헌금했다는 사실이 알려지자 곧 당회가 열렸다. 그를 불러서 사연을 묻자 하이네는 울면서 사실을 고백했다.

이에 당회에서는 그를 살리기로 결정했다.

하이네에게 빚쟁이들의 명단을 써달라고 한 후 그들을 만나 시간을 연장해 주면 우리 모두 힘을 합쳐 돈을 갚을테니 하이네가 감옥에 가지 않게 해달라고 부탁했다. 하이네의 사정 이야기를 들은 빚쟁이들은 당회의 요구를 들어주었다. 그 후 하이네는 뜨거운 성금으로 모인 돈으로 조그마한 사업을 시작했다. "이제부터는 내 사업이 아니라 주님의 사업이다"라는 확신을 가지고 감사와 감격에 넘쳐 피땀 흘려 노력한 결과, 속된 말로 물 묻은 바가지에 참깨가 들어붙듯 복이 쏟아져 세계적인 재벌이 되었다.

한국의 성자라고 일컫는 손양원 목사님은 여순 사건 때 공산당에게 동인이와 동신이 두 아들을 학살당했다. 그러나 손 목사님은 두 아들의 영결식에서 다음과 같은 열 가지를 나열하며 감사했다고 한다.

① 나 같은 죄인의 혈통에서 순교 자식이 나게 하셨으니 하나님께 감사합니다.

② 허다한 많은 성도 중에 어찌 이런 보배를 주께서 하필 내게 맡겨 주셨는지 감사합니다.

③ 삼남 삼녀 중에서도 가장 아름다운 두 아들 장남, 차남을 하나님께 바치게 된 복을 감사합니다.

④ 한 아들의 순교도 감사한데, 하물며 두 아들의 순교이리요. 감사합니다.

⑤ 예수 믿다가 와석종신(제명을 다 살고 편안히 자리에 누워서 죽음) 하는 것도 큰 복이라 하거늘 하물며 전도하다가 총살 순교당함이리요. 감사합니다.

⑥ 미국 가려고 준비하던 내 아들, 미국보다 더 좋은 천국 갔으니 내 마음 안심되어 감사합니다.

⑦ 나의 아들을 총살한 원수를 회개시켜 내 아들 삼고자 하는 사랑의 마음 주신 하나님께 감사합니다.

⑧ 내 두 아들의 순교의 열매로 말미암아 무수한 천국의 아들들이 생길 것으로 믿어지니, 우리 아버지 하나님께 감사합니다.

⑨ 이 같은 역경 중에도 이상 여덟 가지 진리를 받아들일 수 있도록 기쁜 마음과 여유 있는 믿음을 주신 우리 주 예수 그리스도께 감사합니다.

⑩ 오, 주여. 나에게 분에 넘치는 큰 복을 주신 하나님께 감사하오며 영광 돌려 마지않나이다. 옛날 내 아버지, 어머니가 새벽마다 36년간 눈물로 기도한 결과입니다. 나의 형제자매들이 23년간 기도해 주셔서 열매를 거두게 하니 감사합니다.

영국에서 청교도, 즉 퓨리탄 운동이 강해지면서 의회의 탄압이 심해졌다. 이때 그들은 추방되어 1607년 8월 네덜란드 암스테르담과 라이덴으로 망명하였고, 이곳에서도 탄압을 받자 1620년 윌리엄 브라우스를 지도자로 삼고 메이플라워호에 탑승, 미국(플리머스)에 상륙하여 대륙을 개척하기에 이르렀다.

신앙의 자유를 가지게 된 이들은 씨를 뿌려 농사를 지었고, 갖가지 고생 끝에 1623년에는 비로소 훌륭한 첫 수확을 거둬 하나님께 그 은혜를 감사하는 축제를 가졌다.

이른바 이를 기념하게 된 것이 추수감사절의 시초가 되었다.

당시 행정관 윌리엄 브랫포드가 그해 11월에는 추수감사절을 지킬 것을 선언하였으나 정식으로 국경일이 된 것은 조지 워싱턴이 1789년 11월 26일을 추수감사절로 정한 뒤였다. 그 후 추수감사절을 11월 마지막 목요일로 개정하였다. 또 루스벨트는 1939년에 11월 셋째 주 목요일을 추수감사절을 정하였으나, 미국 여러 지사들은 이를 따르지 않았다.

이러한 것이 미국은 물론 전 세계에 퍼져, 그 해 추수한 것을 하나님께 감사하는 뜻으로 지키게 되었다. 특히 교회에서는 농촌과 도시를 불문하고 특별한 순서로 감사 예배를 드리고, 특별 헌금을 하여 선교 사업 및 구제 사업에 쓰고 있다.

과거 공산 국가들은 종교를 용납하지 않았다.
더군다나 기독교는 더 원수시 하였다. 어느 공산 국가에서 목사님 한 분을 잡아가 고문을 했다. 그런데 그 목사님은 고문을 하면 할수록 "감사합니다"만 연발했다.

고문하던 공산당원들이 목사님에게 "무엇이 감사하냐?"라고 물었다. 그러자 목사님은 "예수님 이름으로 매를 맞고 핍박을 받음으로써 훗날 하나님 앞에 가서 상 받을 것이 많아지기 때문에 그것을 생각하면 얼마나 감사한지 모른다"라고 대답했다. 공산당원이 이 말을 대장에게 하자 대장은 "옥에 가두어라"라고 명령했다.

그래서 옥에 가두었더니 목사님은 더욱 기뻐하였다. 이유는 조용한 골방에 앉아 하나님께 기도할 수 있게 되었으니 오히려 감사하다는 것이었다. 이 말을 들은 대장은 "목사를 죽여라"라고 명했다. 이때 목사님은 더욱 기뻐했다. 이유를 물으니 "예수 믿다가 순교한 것은 더 큰 영광이요 더 큰 상급을 받을 것이기 때문에 더 감사하다"라는 것이었다.

결국 그들은 목사님을 때리지도 못하고 옥에 가두어 두지도 못하고 죽이지도 못하고 풀어 주었다. 감사는 옥에서도 나올 수 있다(행 16:10).

미국의 어느 교회에 감사 집사님이 있었다.

그는 복을 받아 잘 살았으며 얼굴에는 언제나 웃음을 띠고 있었다. 그 비결은 그가 끊임없이 감사를 했다는 것이다. 그는 집에서나 교회에서나 사업이 잘되거나 안 되거나 감사하고 다른 사람이 듣거나 말거나 시간과 때를 가리지 않고 큰 소리로 감사를 드려 "감사 집사"라는 별명이 붙었다. 그 집사는 목사님의 설교를 듣는 중에도 큰 소리로 "감사합니다"라고 말하여 목사님을 당황하게 만든 적이 한두 번이 아니었다.

그 교회 목사님은 설교를 원고지에 옮겨 설교 시간에는 원고를 그대로 읽기 때문에 도중에 "감사합니다"라고 큰 소리를 치면 깜짝 놀라 어디까지 읽었는지를 잊어버려 읽던 곳을 찾느라고 진땀을 빼곤 했다.

어느 날 목사님은 주지사와 경찰국장이 교회 예배에 참석하겠다는 연락을 받고는 걱정이 생겼다. 이번 기회에 주지사와 경찰국장을 주님께 인도해야겠는데, 아무래도 감사 집사 때문에 예배가 엉망이 될 것 같기에 좋은 방법을 궁리 중이었다. 그러다가 생각났다.

주일 예배 시간이 다 되자 목사님은 감사 집사를 불러 "오늘 예배 시간에는 사무실에서 제가 드리는 책을 읽으십시오"라고 말했다. 그러자 집사님은 목사님 말씀에 순종하며 그러겠다고 대답했다.

그런데 목사님이 집사님에게 건네준 책은 지리책이었다. 아무리 감사 집사지만 지리책을 보면서 감사하지는 않을 것이라고 생각했던 것이다. 목사님은 감사 집사를 사무실에 가두고 회심의 미소를 띠며 강단에 섰다. 한참 열심히 원고를 읽는데 사무실에서 "감사합니다"라는 소리가 흘러나왔다. 그런데 그 소리가 어찌나 큰지 무슨 일이 일어난 줄 알고 교인들이 술렁거려 예배가 엉망이 되었다.

겨우 예배를 마치고 어깨를 축 늘어뜨린 목사님이 사무실로 가서 원망스러운 눈초리로 집사님을 보면서 "집사님 지리책에도 감사할 것이 있어요?"라고 말했다. 그러자 집사님은 지리책의 한 페이지를 가리키며 "목사님, 필리핀 해변의 한 곳은 세계에서 수심이 가장 깊어 10,000m가 넘는답니다. 성경에 하나님께서 네 죄를 영원히 깊은 바다에 던졌다고 하셨는데 10,000m나 되는 깊은 곳에 던져진 죄는 다시 떠오르지 않을 테니, 어찌 감사하지 않을 수 있겠습니까"라고 말했다.

영국의 매튜 헨리 목사님이 하루는 어떤 골목길을 가다가 강도를 만나 옷과 돈을 다 빼앗긴 것도 모자라 매를 맞고는 정신을 잃었다.

시간이 흐른 후 정신을 차려 보니 온몸이 상처투성이고 피가 낭자했다. 정신을 차린 목사님이 간신히 집에 들어가니 온 식구가 깜짝 놀랐다. 그러나 그는 아무 말도 하지 않고 서재에 들어가 그 피투성이의 몸으로 바닥에 엎드려 감사의 기도를 했다.

"하나님이여, 생명만은 살아 돌아와서 가족들을 만나게 되었으니 감사합니다. 만약 예수를 안 믿었다고 하면 나를 때린 저 강도와 같이 되었을 것인데 목사가 된 것을 감사합니다. 또 이상의 모든 것을 다 버린다고 하더라도 내가 영원한 천국을 소유하게 되었으니 감사합니다."

미국의 한 청년이 누구보다도 신앙생활을 열심히 하던 어느 날 교통사고를 당해 다리를 절단하게 되었다. 말할 수 없는 절망에 빠진 그가 병원에 입원해 있는 동안 목사님을 비롯하여 많은 성도들이 병문안을 왔다. 모두 위로의 말을 하고 로마서 8장 28절의 "우리가 알거니와 하나님을 사랑하는 자 곧 그 뜻대로 부르심을 입은 자들에게는 모든 것이 합력하여 선을 이루느니라"라는 말씀을 읽고 갔다.

청년은 "어제까지만 해도 멀쩡했던 다리가 절단되어 불구자가 되었는데 모든 것이 합력하여 선을 이룬다는 말이 무슨 말이냐"라면서 불쾌하게 생각했으나 다른 한편으로는 "아멘"이라 말하며 성경 말씀을 받아들였다.

얼마 후 퇴원한 그는 의족을 하고 다녔고 계속해서 신앙생활을 잘하다가 신학교를 졸업하고 목사가 되었다.

그 후 선교에 불타는 열심을 갖고 아프리카의 식인종들이 사는 곳에 선교사로 갔다. 그곳은 식인종들이 사람을 보기만 하면 잡아먹기 때문에 아무도 가지 않는 곳이었다. 그러나 그는 죽음을 각오하고 그들이 사는 고장으로 갔다. 식인종들은 그를 보자마자 좋은 "밥이 왔다"라며 잡아먹으려고 했다. 그때 그는 식인종들에게 의족을 내밀었다. 식인종들은 그 다리에 칼을 대었으나 잘리지 않는 것을 보고 깜짝 놀라 "신이 우리 고장에 왔다"라고 하면서 그들의 잘못을 고백하고 회개하며 예수님을 믿게 되었다. 결국 그는 그곳에서 선교에 대성공을 이루었다. 그러므로 우리는 범사에 감사해야 한다. 역경 중에 감사가 참 감사이다.

미국 매사추세츠 주의 주지사 브랫포드는 플리머스에 순례자들이 정착한 후 3년 뒤 첫 번째 감사 선언을 하였다.

"전능한 아버지 하나님께서 올해도 옥수수, 밀, 완두콩, 호박 그리고 정원의 채소를 풍부히 수확할 수 있게 해 주셨고 또 사냥감으로 가득 찬 숲과 물고기와 조개가 있는 바다를 주셨고 우리를 야만족의 침입으로부터 지켜 주셨고 우리를 흑사병과 질병에서 보호해 주셨고 우리 스스로의 양심의 가르침에 따라 하나님을 경배할 수 있도록 자유를 허락해 주셨으므로 여러분의 지사인 나는 모든 순례자들과 그의 아내와 어린아이들을 포함한 사람들에게 말하겠습니다. 1623년인 올해는 순례자들이 이 땅에 발을 디딘 지 3년이되는 해입니다. 11월 29일 목요일 낮 9시부터 12시 사이에 저 언덕 위의 교회에 모여서 목사님의 말씀을 듣고 전지전능하신 하나님께 그 은총을 받았음을 감사하십시오."

사라 헤일이라는 인내심이 강하고 집요한 여인이 없었더라면 오늘날 미국에서 추수감사절은 그리 크게 경축되지 않았을지도 모른다.

1621년의 첫 번째 추수감사절은 이주민인 선조들이 새로운 세상에서의 겨울을 감사하기 위해 경축한 것이라는 것은 잘 알려진 사실이다.

그리고 조지 워싱턴 대통령은 1789년 이주민의 첫 경축을 기념하기 위하여 추수감사절을 선언하였다. 그러나 미합중국의 제3대 대통령인 토마스 제퍼슨은 추수감사절을 '왕정의 관습'이라며 폐지할 것을 명령하였다. 이후로 추수감사절은 몇몇 주에서만 지켜졌고, 정확한 날짜를 알 수 없어 그들의 생각에 따라 정해졌다.

그런데 1828년 『Godeys Lady's Book』이란 잡지의 편집장이었고 '메리는 어린 양을 가지고 있었다'(Mary Had a little Lamb)라는 시의 작가이기도 한 헤일 여사가 최초로 추수감사절의 회복을 위한 캠페인을 시작하였다. 그녀는 대통령을 비롯하여 국가의 모든 지도자들에게 편지를 썼다. 시간이 흐름에 따라 그녀는 좌절하기도 하였으며, 그 일은 전혀 불가능하다는 말도 들었다. 또한 추수감사절을 회복하는 일은 그녀가 상관할 일이 아니라는 책망까지 들었다.

마침내 1863년, 링컨 대통령이 "추수감사절에 북부와 남부가 싸움을 그만두자"라는 그녀의 탄원을 진지하게 들었고 11월의 네 번째 목요일을 공식적인 "국가적 추수감사절"로 선언하였다.

결국 이날은 1941년 미국의 의회에서 통과되었다.

구원 받기 위해
믿고 알아야 할 것

1. 하나님께서 인간을 사랑하여
행복하게 살 수 있도록 창조하셨습니다.

● 창세기 1장 28절

"하나님이 그들에게 복을 주시며 그들에게 이르시되 생육하고 번성하여 땅에 충만하라, 땅을 정복하라, 바다의 고기와 공중의 새와 땅에 움직이는 모든 생물을 다스리라 하시니라"

● 예레미야 29장 11절

"나 여호와(하나님)가 말하노라 너희를 향한 나의 생각은 내가 아나니 재앙이 아니라 곧 평안이요 너희 장래에 소망을 주려 하는 생각이라"

2. 그러나 인간은 죄를 지어
하나님으로부터 분리됐습니다.

● 로마서 3장 23절

"모든 사람이 죄를 범하였으매 하나님의 영광에 이르지 못하더니"

● 이사야 59장 2절

"오직 너희 죄악이 너희와 너희 하나님 사이를 내었고 너희 죄가 그 얼굴을 가리워서 너희를 듣지 않으시게 함이니"

3. 인간이 지은 죄 때문에 인간에게
죽음과 고통과 불행과 심판이 오게 됐습니다.

● 로마서 6장 23절

"죄의 삯은 사망이요 하나님의 은사는 그리스도 예수 우리 주 안에 있는 영생이니라"

● 히브리서 9장 27절

"한번 죽는 것은 사람에게 정하신 것이요 그 후에는 심판이 있으리니"

4. 인간들은 종교나 교육이나 선행이나 어떤 방법으로도 하나님과의 관계를 회복 할 수 없습니다.

● 사도행전 4장 12절

"다른 이로서는 구원을 얻을 수 없나니 천하 인간에 구원을 얻을만한 다른 이름을 우리에게 주신 일이 없음이니라 하였더라"

● 요한복음 14장 6절

"예수께서 가라사대 내가 곧 길이요 진리요 생명이니 나로 말미암지 않고는 아버지께로 올 자가 없느니라"

5. 예수님께서 우리 죄를 대신해 죽으셨습니다. 그러므로 누구든지 예수 그리스도를 믿기만 하면 우리의 모든 죄가 용서되고, 구원을 선물로 받고, 하나님의 자녀가 됩니다.

● 요한복음 3장 16절

"하나님이 세상을 이처럼 사랑하사 독생자를 주셨으니 이는 저를 믿는 자마다 멸망치 않고 영생을 얻게 하려 하심이니라"

● 로마서 5장 8절

"우리가 아직 죄인 되었을 때에 그리스도께서 우리를 위하여 죽으심으로 하나님께서 우리에게 대한 자기의 사랑을 확증하셨느니라"

6. 구원받아 하나님의 자녀가 되면 하나님께서 우리에게 영원한 생명과 풍성한 생활을 주십니다.

● 요한복음 10장 10절

"도적이 오는 것은 도적질하고 죽이고 멸망시키려는 것뿐이요 내(예수님)가 온 것은 양으로 생명을 얻게 하고 더 풍성히 얻게 하려는 것이라"

● 요한복음 10장 28절

"내가 저희에게 영생을 주노니 영원히 멸망치 아니할 터이요 또 저희를 내 손에서 빼앗을 자가 없느니라"

7. 하나님의 자녀가 되려면
예수 그리스도를 믿겠다고 선택해야 합니다.

● 요한복음 3장 18절
"저를 믿는 자는 심판을 받지 아니하는 것이요 믿지 아니하는 자는 하나님의 독생자의 이름을 믿지 아니하므로 벌써 심판을 받은 것이니라"

● 로마서 10장 9절
"네가 만일 네 입으로 예수를 주로 시인하며 또 하나님께서 그를 죽은 자 가운데서 살리신 것을 네 마음에 믿으면 구원을 얻으리니"

믿음으로 결정할 때 영생(영원한 생명)이 주어집니다.

당신이 예수님을 구세주와 주님으로 마음에 믿고, 말로 믿는다고 고백하면 하나님의 구원, 즉 영원한 생명의 큰 복을 받습니다.
당신의 마음 중심에 주 예수 그리스도가 구세주와 주님으로 믿어지게 해 달라고 기도해 보십시오! 놀랍게도 믿어집니다.
이것은 하나님의 은혜이고 하나님의 선물입니다.
하나님께서 당신에게 예수 그리스도를 믿고 싶은 마음을 허락해 주시길 기도하며 축복합니다.

이제 아래에 기록된 기도문을 믿는 마음으로, 당신의 마음과 입술(말)로 고백하기 바랍니다.
그 순간 영생(영원한 생명)의 선물을 받게 됩니다.
하나님은 당신을 지금 이 순간에도 사랑하십니다.

> "하나님, 제가 지은 모든 죄와, 앞으로 지을 모든 죄까지, 영원히 용서해 주시기 위해, 그리고 저에게 하나님의 자녀가 되어 영원한 생명과 풍성한 생활을 주시기 위해, 십자가에서 저의 죄를 대신해 돌아가신 예수님의 공로를 믿습니다.
> 그리고 지금 마음으로 예수님이 나의 구세주와 주님이심을 믿고 영접합니다. 기쁘게 저를 받아주신 주 예수 그리스도의 이름으로 감사하며 기도합니다. 아멘!!"

"영접하는 자 곧 그 이름(예수님)을 믿는 자들에게는
하나님의 자녀가 되는 권세를 주셨으니" – 요한복음 1장 12절망망한 바다 한가운데서 배 한 척이 침몰하게 되었습니다.
모두들 구명보트에 옮겨 탔지만 한 사람이 보이지 않았습니다.
절박한 표정으로 안절부절 못하던 성난 무리 앞에 급히 달려 나온 그 선원이
꼭 쥐고 있던 손바닥을 펴 보이며 말했습니다.
"모두들 나침반을 잊고 나왔기에… "
분명, 나침반이 없었다면 그들은 끝없이 바다 위를 표류할 수 밖에 없을 것입니다.

우리는 삶의 바다를 항해하는 모든 이들을 위하여
그 나침반의 역할을 하고 싶습니다.
우리를 구원하신 위대한 주 예수 그리스도를 널리 전하고 싶습니다.

"하나님은 모든 사람이 구원을 받으며
진리를 아는 데에 이르기를 원하시느니라"
(디모데전서 2장 4절)

힘을 다하여 **주님을 기념하라**
김장환 목사와 함께 / 주제별 설교 · 성경공부 · 예화 자료

발행처 | 나침반출판사
발행인 | 김용호

개정판 | 2021년 7월 15일

등 록 | 1980년 3월 18일 / 제 2-32호
본 사 | 07547 서울특별시 강서구 양천로 583
      블루나인 비즈니스센터 B동 1607호
전 화 | 본사 (02) 2279-6321 / 영업부 (031) 932-3205
팩 스 | 본사 (02) 2275-6003 / 영업부 (031) 932-3207
홈 피 | www.nabook.net
이 멜 | nabook365@hanmail.net

ISBN 978-89-318-1621-1
책번호 마-1210

※이 책은 김장환 목사님의 설교 자료와
여러 자료를 정리 편집해 만들었습니다.

값은 뒤표지에 있습니다.